这不是简单的《希腊神话》故事，
而是连雅典娜也不知道的小秘密哟！

雅典娜
也不知道的
小秘密

主编：杨　凡
编委：周　昕　李　想　杨　滔　窦炳香
　　　许正华　杨明君　梁　婉　邱　莹
　　　向凌松　曹家艳　杨　文　张　燕

哈尔滨工业大学出版社
HARBIN INSTITUTE OF TECHNOLOGY PRESS

图书在版编目（CIP）数据

雅典娜也不知道的小秘密 / 杨凡主编 .—哈尔滨：哈尔滨工业大学出版社 ,2015.7

（读名著·学常识）

ISBN 978-7-5603-5294-7

Ⅰ .①雅… Ⅱ .①杨… Ⅲ .①科学知识–少儿读物 Ⅳ .① Z228.1

中国版本图书馆 CIP 数据核字 (2015) 第 067340 号

策划编辑	张凤涛
责任编辑	张凤涛　常　雨
装帧设计	琥珀视觉　恒润设计
出版发行	哈尔滨工业大学出版社
社　　址	哈尔滨市南岗区复华四道街 10 号　邮编 150006
传　　真	0451-86414749
网　　址	http://hitpress.hit.edu.cn
印　　刷	哈尔滨市石桥印务有限公司
开　　本	787mm×1092mm　1/16　印张 8.25　字数 100 千字
版　　次	2015 年 7 月第 1 版　2015 年 7 月第 1 次印刷
书　　号	ISBN 978-7-5603-5294-7
定　　价	25.00 元

（如因印装质量问题影响阅读，我社负责调换）

前言

你可能有着太多太多的思维定式,例如:名著是名著,科学是科学。现在,你手上的这套书将为你打破这个定式!它会告诉你,原来,名著和科学常识还可以如此结合!想想看,星座是怎么来的?日食那一天,是谁偷走了太阳?雨滴是太阳神的眼泪吗?海啸是不是因为海洋女神的一个喷嚏?这里面究竟隐藏着什么秘密?

没错,《希腊神话》里的主人公,也正面临着同样的疑问和挑战。哪怕聪明如智慧女神雅典娜,也必须揪出这些秘密,才能迎接受到祝福的命运。否则,等待她的将是残酷的惩罚!

类似这样的科学秘密,将会出现在本书的30个小故事里。现在,就赶紧活动活动大脑,准备来一场在感性故事与理性科学的碰撞中,获取的奇妙体验吧!

特别提醒,这不是简单的《希腊神话》故事,而是连雅典娜也不知道的小秘密哟!

秘密一：咦，星座是怎么来的？/6

秘密二：日食那一天，是谁偷走了太阳？/10

秘密三：鱼儿鱼儿，你用哪里呼吸？/14

秘密四：雨滴是太阳神的眼泪？/18

秘密五：紫外线把仙女晒成了向日葵？/22

秘密六：月亮会被天狗吃掉吗？/26

秘密七：咦，为什么会有冬天？/30

秘密八：海啸是因为海洋女神的一个喷嚏？/34

秘密九：喝酒还会破坏婚礼？/38

秘密十：蜘蛛蜘蛛，你为啥要吐丝？/42

秘密十一：迷宫啊，你到底是谁发明的？/46

秘密十二：自恋的水仙为什么生长在水里？/50

秘密十三：怎么知道金子的真伪？/54

秘密十四：轮船停在海面上为什么不会沉下去呢？/58

秘密十五：你知道木乃伊是什么吗？/62

秘密十六：计算机里的"木马"和特洛伊木马有什么关系？/66

秘密十七：水里的旋涡是怎么形成的？/70

秘密十八：只有人会做梦吗？/74

秘密十九：为什么蛇能吞下比自己大许多倍的食物？/78

秘密二十：所有的象都有象牙吗？/82

秘密二十一：雷电是从天上劈下来的吗？/86

秘密二十二：人会变成化石吗？/90

秘密二十三：猎狗的祖先是谁？/94

秘密二十四：鸟儿为什么会飞？/98

秘密二十五：马睡觉时需要躺下吗？/102

秘密二十六：怎么判断羊毛的真假？/106

秘密二十七：风是怎么形成的？/110

秘密二十八：陆地是固定不动的吗？/114

秘密二十九：大海里到底有没有淡水呢？/118

秘密三十：火焰的哪一部分最烫手呢？/122

秘密一：咦，星座是怎么来的？

欢迎来到多字国，我们这儿有一个规矩：名字越长的人就越特别，三四个字不够用，五六个字是常有的事儿。不过你说奇怪不奇怪，四个字五个字六个字名字的家伙们，都会被两个字的人，哦不，是神统治。

这个神，叫宙斯。这个国家，叫希腊。

这个时候，天蓝蓝水蓝蓝，没有污染没有尾气，但却有鸟也有鱼，地上两条腿的动物不多，四条腿的倒是不少。宙斯认为这些活着的东西都没有灵魂，他想要个外形和

他差不多的，能统治其他动物的生物。

有一个名字是五个字的神，叫普罗米修斯，他知道一个秘密，那就是在泥土和水里蕴藏着魔力。于是他就捧了点儿泥，浇了点儿水，捏了个人。

对，你猜对了，这个人是和神长得差不多。普罗米修斯又给这泥人塞进了两块"芯片"，一块芯片里存储着善，一块芯片里存储着恶。他的女朋友，一位叫雅典娜的穿盔甲的女神，被这个泥人迷住了，便给泥人吹了口气，这样它就有了灵魂。

泥人很快就"复制、粘贴"出了一大片，满地乱跑。但是由于宙斯和普罗米修斯吵了一架，所以宙斯拒绝给予人类最有用的东西——火种。宙斯还把普罗米修斯绑在了一座山上，每天派一只鹰去啄他的肝脏吃。

这个时候你铁定不羡慕神了，因为无论鹰吃掉多少，肝脏都还会长回去多少，可是那种疼痛却不会减少，非但不减少，而且必须天天都来一次，不但天天都来，而且得持续三万年……虽然说，这种痛苦也是可以终止的，但谁都不对此抱有希望，因为终止的条件是：有人自愿代替普罗米修斯。

这个不可能出现的人出现的那一天，宙斯可能睡着了。那个人取出了弓箭，轻易地就把那只鹰射落了。然后，他松开了锁链，带着普罗米修斯离开了山崖。

"壮士,你叫什么名字?"普罗米修斯问。

"我叫赫拉克勒斯,以后我会是个大英雄。"这个男人答道。

"英雄,那你要代替我被锁在那里吗?"普罗米修斯指了指那座山。

"哈?怎么可能!有个半人半马的家伙,叫喀戎,可以代替你留在悬崖上。他可以永生,但为了解救你,甘愿牺牲自己。"

"我的天,我太感动了!他是什么星座的?"

"他是射手座的!半人半马嘛。"

"哎呀妈呀,我就说嘛!星座书上说,射手座和我就是合得来啊!"

"你也喜欢星座啊?那我倒是想问你个事,就当作是我解救了你的报酬吧。"

报酬?天下果然没有白吃的午餐啊!好,既然你诚心诚意地问了,我就大慈大悲地回答吧!普罗米修斯心里想。

这时,只听赫拉克勒斯发问:你既然这么喜欢星座,应该知道黄道十二宫是什么吧?

A. 由黄金打造出的十二座宫殿;

B. 黄世仁或者黄鼠狼的家;

C. 一种天文学术语;

D. 黄道吉日的一种。

普罗米修斯不屑地想,这么白痴的问题,我一个神还答不出来,还要不要混了?他张口就说,答案是C。

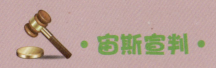

· 宙斯宣判 ·

雅典娜也不知道的小秘密

赫拉克勒斯还没回答，在山上代替普罗米修斯被绑的喀戎激动地说："对对，木有错！木有错！"

看来这是一匹中原马，还会说山东话呢。

原来，太阳自西向东"跑"过的"足迹"，叫做黄道，古代巴比伦人认为，太阳是阿波罗神，他经过的地方必然是金碧辉煌的宫殿，所以便像切西瓜一样，将黄道分成了12等份，每一份就叫做一宫。这样，阿波罗神每个月都可以居住在不同的宫殿中了！

同时，巴比伦人还采用了十二宫附近的十二星座的名字来给它们命名。于是，便有了和星座名字差不多的黄道十二宫。

看吧，用春分来举例，在每年的3月21日前后，太阳神阿波罗都会准时入驻白羊宫。而其他的，则以此类推。

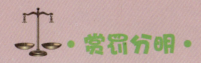

· 赏罚分明 ·

普罗米修斯，虽然你答对了问题，但这个问题对于你来说可能太简单了。宙斯说，你必须身上带着一块锁链和一块山上的石头，这样他就可以对别人说，你仍然被囚禁在那座山上了。你看，宙斯这神就是这么虚荣。我认为有必要给你讲一下宙斯及其家人的事儿，来，我们快点儿翻开宙斯的家谱吧！

秘密二：日食那一天，是谁偷走了太阳？

快点儿坐好，开始合影了。别分高矮个了，男的就在左边，女的就在右边，但是别乱了辈分——大神宙斯自然是在中间了。

神的家族虽然非常壮大，从神到各种小仙或者半人半神有百来号人，但是这合影的12个人是死活不能得罪的。来来，我给你介绍一下。

左边的男神分别是：海神波塞冬，也是宙斯他二哥；冥王哈得斯，最喜爱黑色；战神阿瑞斯，这人四肢发达头脑简单；手上拿着双蛇缠绕形状神杖的，是神使赫耳墨斯，他是神的传令者；火神赫菲斯托斯，他很丑，可是他巨温柔；太阳神

阿波罗，是宙斯的儿子，月神的哥哥，这人一家好几口都是官二代，非常了得！

右边的女神分别是：天后赫拉，其实也就相当于"王母娘娘"，她很爱和老公——宙斯吵架；灶神赫斯提，也就是"灶王爷爷"的女性版；智慧女神雅典娜，是宙斯最宠爱的女儿，因为她是老爸生出来的，这事儿以后再和你说；爱与美之神阿佛洛狄忒，你总是能从一张世界名画中看到她从一个贝壳中升起；月亮女神阿耳忒弥斯，也是最纯洁的女神。

神之间有的情深意厚，有的彼此不满，但都不会影响工作，只有太阳神不够理智，时不时罢工，让大地一片漆黑。事情是这样的：太阳神的宫殿以黄金和象牙雕饰而成，每一天他都驾驶着太阳车东奔西跑，这个车前边有个大火球，经过哪儿，这个火球就亮到哪儿。而阿波罗的儿子法厄同特别想驾驶一次这个车，这天他过生日，阿波罗便同意了。

太阳车遍体金黄，辐条是银色的，马匹上的配饰都是宝石。阿波罗告诉法厄同，这些飞马会自己奔驰，不需要用鞭子，否则后果自负。法厄同却忘记了，他根本就不会控制马匹，所以最初的兴奋过去后，他开始感到害怕。这时马车跑到前不着村后不着店的地面上空，连回头路都不知道在哪里。神马不愿听陌生人的摆布，因此乱跑起来，法厄同想叫马停下，可是他忘记了咒语。他甩开鞭子，啪啪地抽，抽完才想起来父亲不许自己这样做。

好么，这下可了不得了。那些马像弹簧一样跳起来，把法厄同甩进了异次元空间才算完。

神庭会审

法厄同没有回来,阿波罗一整天都很忧郁。

这一天,大地因灼热而裂开,植物都被烧干了,城市冒黑烟。

虽然很多人都来要阿波罗负责,但是他一概不闻不问,抱着头坐在那里,第二天也还是一动都没有动。

由于阿波罗没有驾驶马车在天空驶过,第二天,整个世界一片黑暗。宙斯跑来问阿波罗是怎么回事,是不是想儿子了。

阿波罗深深叹了一口气,说:"才没有呢,我只是牙疼,不想出差而已。"

宙斯说:"牙疼不是病,疼起来真要命。但是你这一天没工作,总要给大家个说法。你想想吧。"

阿波罗说:"我已经想好了,就说有只狗把太阳给吃掉了,所以太阳消失了好了。但明天,狗就会把太阳吐出来,这样如何?"

宙斯点点头:"很好,就这么办吧。那就把这一天叫做'日食'好了。"

阿波罗拍手称赞。宙斯问道:"那以后人类的天文课可以出这样一道题目:'日食'究竟是什么?"

A. 太阳被其他星球遮住了;

B. 阿波罗牙疼的日子;

C. 狗吃掉太阳的现象;

D. 太阳马车被偷走了。

 阿波罗回答,答案当然是B。

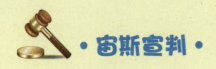

·宙斯宣判·

宙斯白了他一眼，说："从小我就教育你要好好学习，可见你没听进去。答案其实是 A。"

快看哪，天狗吃太阳啦！这是很多人对日食的第一反应。自古以来，日食就被蒙上了这样一层神秘的面纱，不过，随着科学技术的发展，人们对日食的了解也越来越深了。

我们知道，在玩捉迷藏的时候，如果有人藏到大树背后，是很不容易被找到的。日食，就是太阳和地球在玩"捉迷藏"呢！这"大树"就是月亮。当太阳、月亮、地球处在同一条直线上的时候，太阳就趁此机会把自己隐藏在月亮身后，于是，地球就看不到它啦！同样，在地球上的我们也看不到太阳了。

这种"游戏"常常会发生在农历初一，月亮"无意"中经过了太阳和地球中间，会慢慢地挡住太阳，但不一定能全挡住，于是我们就会看到日全食、日偏食、日环食等等不同的景象。但是，这个过程大概只会持续10分钟，之后，它们便会各走各的路了。

·赏罚分明·

阿波罗，你作为太阳神，连自己家的事都搞不明白，我劝你把这样一句话作为座右铭："人啊，认识你自己！"学学你同父异母的妹妹雅典娜吧，她就很清楚自己的特长和缺点，并且很会扬长避短。

秘密三：鱼儿鱼儿，你用哪里呼吸？

阿波罗奉宙斯之命到黑森林里杀一个妖怪。他像往常一样顺利完成了任务。

但是正在回宫殿的路上，阿波罗看到路边有位长得白白胖胖，背上有一对金色翅膀的小男孩正蒙着眼睛玩弄一副弓箭。

阿波罗看了看手表，时间也不急，就停下马车准备嘲笑小男孩一番。他拉住马车的缰绳，叫住了小男孩，问道："嘿，你是谁家的小孩？"

小男孩取下蒙住眼睛的布条，瞪了阿波罗一眼，说："用不着你管。"

阿波罗受到了挑战，变本加厉地嘲笑小男孩："你手里的是玩具弓箭吧？它能杀死妖怪吗？"

小男孩不理会阿波罗。可阿波罗不肯罢休，他把刚刚杀死的妖怪提到小男孩的眼前，炫耀道："你看吧，能杀死妖怪的弓箭才是真正的弓箭。你手里的只是小孩玩的玩具罢了！哈哈哈哈！"

小男孩仍然不理会阿波罗。可是阿波罗以为小男孩好欺负，

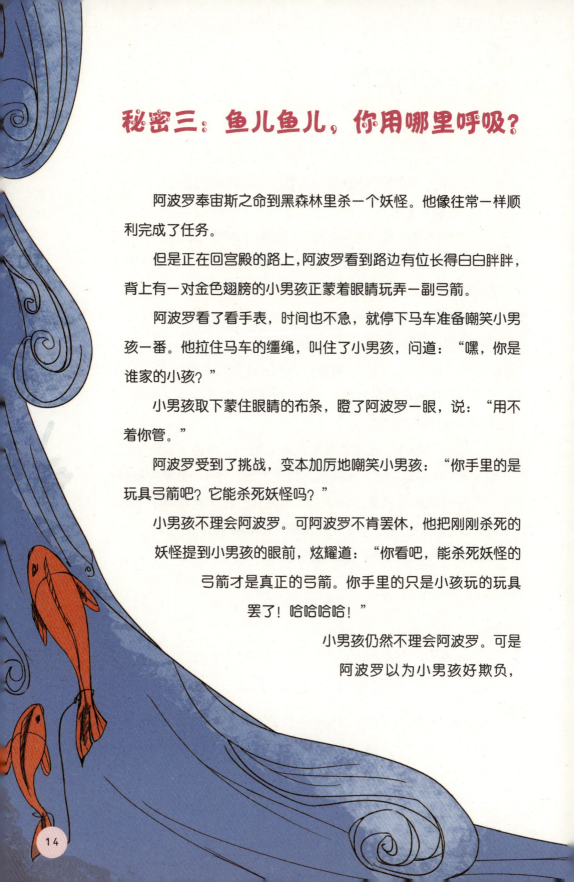

更加滔滔不绝地嘲笑小男孩。终于，小男孩发飙了，他冲着阿波罗吼道："小心，你一定会被我的箭射中的！"

其实，阿波罗怎么知道，这个小弟弟就是那位大名鼎鼎的爱神丘比特。嚯嚯嚯……这下阿波罗是闯祸了，得罪谁不好，非得罪淘气包丘比特。所以说，做人要低调嘛。

现在隆重介绍一下丘比特。他是爱与美的女神阿佛洛狄忒的儿子，他的厉害之处就是想让谁爱上谁，谁就得爱上谁，而且爱得惊天地泣鬼神。他有一个箭袋，没事就蒙着眼睛乱射一气。箭袋里有两种箭，一种是黄金做的箭头，如果被它射中就会马上产生爱情。另一种则是铅做的箭头，如果被它射中就会排斥爱情。

丘比特被阿波罗羞辱了一番之后，怒气冲冲地飞回母亲阿佛洛狄忒身边，并将这件事告诉了阿佛洛狄忒。

神庭会审

阿佛洛狄忒带着丘比特来找众神，这时众神正在举行一场盛大的派对。只是，包括宙斯在内的众神们都觉得丘比特有点儿小题大做。

就在众神们一边享受盛宴一边商讨如何解决此事时，突然刮起一阵妖风，原来是魔王提丰来找碴儿了。但是谁都不想和他交手，便各自变成小动物，四下逃窜。

阿佛洛狄忒带着丘比特跳入冥河变成了两条鱼，丘比特在水里欢快地翻滚了一会儿，河水又清又凉，可舒服了，刚才的不愉快一下子全都忘了。

阿佛洛狄忒说："我的宝贝，你知道鱼儿用什么喘气吧？"

丘比特歪着小脑袋想了想，摇了摇鱼尾巴，说道："给几个选项让我猜一下呗。"

阿佛洛狄忒真是拿这小淘气没办法，只好说道：

A. 鼻子；

B. 嘴巴；

C. 耳朵；

D. 鳃。

"嗯，让我想一想……选B，肯定是B，因为鱼儿在水里总是吹泡泡。"

阿佛洛狄忒和丘比特在水里的这番对话，全部听进了宙斯的千里耳里，听得他哈哈笑。宙斯把阿波罗叫了来，问了他相同的问题。结果阿波罗同样答错了。

宙斯说："让我这个百科全书来告诉你好了，鱼是用鳃呼吸的，水流从口流入然后从鳃孔流出，在通过鳃的时候不断地进行气体交换。鱼鳃很特别，可以一张一合保证充足的气体交换量。但是当鱼离开水后，鱼的鳃丝和鳃小片就彼此粘连，呼吸面积大大减小，无法补充充足的氧气，且鳃丝暴露在空气中，因水分蒸发引起鳃丝干燥，破坏了鳃的结构，使其失去呼吸功能而死亡。

虽然鱼的皮肤、气囊、肠管也可以帮助鱼呼吸，但是这远远不够。不过，鱼也不是不能直接呼吸空气中的氧气，只是由于鳃的特殊结构使得它在空气中不能获得充足的氧气而已。"

雅典娜也不知道的小秘密

阿波罗正想拍一下宙斯的马屁，就被宙斯打断了："不用夸我。言归正传，丘比特是个小屁孩子没错，但你还是诚恳点儿跟他赔礼道歉吧。"

阿波罗"哼"了一声："跟那小屁孩道歉？不可能。"

宙斯："你后果自负哦。"

秘密四：雨滴是太阳神的眼泪？

丘比特可不是好惹的，他决定给阿波罗一个教训。于是他把他的金箭射进了阿波罗的心，又把铅箭射进了达芙妮的心。悲剧的阿波罗深深地爱上了达芙妮，可是流水有意落花无情，达芙妮不仅不爱阿波罗，而且害怕自己会被阿波罗耀眼的皮肤灼伤。她在树林里看到阿波罗正色眯眯地盯着自己，慌忙转身就跑，可是阿波罗被突如其来的爱情冲昏了头脑，他紧紧跟在达芙妮的身后，一边追着她一边喊道："美人，请和我结婚，我会给你荣华富贵的！"

达芙妮不理会阿波罗，慌不择路地在森林里奔跑，而阿波罗却在身后穷追

雅典娜也不知道的小秘密

不舍。

直到达芙妮跑到了一条大河前，她才松了口气，因为她的爸爸是河神，这条河正是河神的地盘。达芙妮对着河水喊道："老爸，有个臭流氓在追我，快帮帮我！我可不想和他结婚。"河神气得吹胡子瞪眼，但他自知自己是打不过太阳神的，只好无奈地说："宝贝女儿，我打不过阿波罗，只能把你变成树，你愿意变成树，还是愿意和阿波罗结婚呢？"

达芙妮毫不犹豫地说："就算永远当一棵树，我也不想和阿波罗结婚。您赶紧把我变成月桂树吧，迟了就来不及了。"

河神双眼含泪，嘴里念着咒语："天灵灵地灵灵天灵灵地灵灵。"不一会儿，达芙妮的小脚就变成了树根慢慢地伸进土壤里，她那白白嫩嫩的皮肤变成了粗糙的树皮，纤细的手臂变成了树枝，金黄色的头发变成了树叶。等到阿波罗赶来时，达芙妮已经彻底变成了一株月桂树。

这对于阿波罗来说，是一个天大的打击，他抱着月桂树号啕大哭，眼泪像下起了大雨，声音像打雷。

读名著学常识

神庭会审

　　心爱的达芙妮变成了月桂树，这令阿波罗十分悲痛。众神们一边为达芙妮感到惋惜，一边同情阿波罗。宙斯老人家着实心疼这个宝贝儿子，便上前递了一张心相印纸巾给阿波罗，说："小波波啊，你再哭的话，人类就要再造一条诺亚方舟了。"

　　阿波罗抬起含满泪水的眼睛说："父神，我现在真想找块豆腐把自己撞死！"

　　宙斯皱了一下眉头，说道："胡扯，太阳神是永生的。只是你害得人间都下起了暴雨，你无论如何得向人类和众神有个交代。"

　　阿波罗愣了一下，问："怎么交代呢？"

　　宙斯露出了坏笑的表情，说道："来，给你出道题吧。你说雨是怎么形成的？"

A. 太阳神的眼泪变的；

B. 水蒸气变成云，云太重了就掉下来了；

C. 河神为了给月桂树浇水所以变成雨；

D. 达芙妮的眼泪变的。

　　阿波罗用心相印纸巾擦了擦眼泪，说："B，只能是B了，其他的几个答案连傻瓜都不会选。"

宙斯点了点头,看来阿波罗也不是太笨。

他说:"你终于开窍了。答案确实是B,为什么呢,就从云先说起,云是由大量飘浮在空中的许许多多肉眼看不见的小水滴组成的。

这些小水滴是由地面上的水蒸发而成的,它们个头很小,大可以密集地存在几千万甚至几亿个。这些小水滴们高悬在空中不往下掉,是由于空气中有上升气流把它们托住。水汽在云滴上继续凝结或凝华,以及云滴间相互碰撞,大水滴不断"吃掉"小水滴,使得体积越来越大,以至于大到空气中的上升气流没办法再把它们托住,这些水滴就稀里哗啦掉了下来。

这样,雨就形成啦!"

阿波罗朝着宙斯竖起了大拇指,破涕为笑说:"父神大人,果然是英明神武啊。"

雅典娜也不知道的小秘密

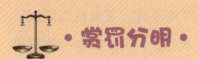

宙斯卖萌地坏笑了一下,说:"那当然,我当年参加奥数总拿第一名,可惜你好像没怎么遗传到这一点。不过,今天你的表现还马马虎虎,我帮你做件事好了。我可以让人们从此把月桂树视为珍贵的树种,爱戴它,并以拥有它为荣。"

秘密五：紫外线把仙女晒成了向日葵？

阿波罗这个神，年轻、英俊，穿着紫色的华丽长袍住在东边的宫殿里，他有一辆比法拉利还拉风的马车，马车既可以当飞机用，也可以当船用。阿波罗每天用马车载着巨大的火球，从东边飞向西边，到了晚上，阿波罗就把火球熄灭，从海上驾着马车回到自己的宫殿里。

阿波罗虽然平时喜欢嬉皮笑脸，而且嘴上不饶人，但工作的时候却既敬业又风度翩翩。正因为这样，阿波罗迷倒了不少懵懂少女。

比如即将登场的这位美女克里提就很喜欢阿波罗。

克里提是一位水泽仙女。有一天，她在树林里玩耍，偶然遇见了正在狩猎的阿波罗，她对阿波罗一见钟情，疯狂地爱上了阿波罗，痛下决心此生非他不嫁。可当她向阿波罗表白时，阿波罗告诉克里提说:"对不起啊,我已经爱上了达芙妮了。虽然达芙妮变成了月桂树,但我仍然很爱她。"说完,阿波罗傲慢地转身离去,看都不看克里提一眼。克里提并没有因此放弃对阿波罗的爱,她想:"加油吧,只要坚持,总有一天阿波罗会爱上自己的。"可令人悲伤的是,克里提再没有遇见阿波罗。

克里提十分想念阿波罗,这让她吃不下饭也睡不着觉。于是,她干脆跪在院子里,每天45度仰望天空,注视着阿波罗驾着金碧辉煌的马车划过天空,一直到阿波罗下山之后,她才起身回屋。

就这样日复一日,年复一年,直到克里提被太阳晒得又黑又黄,面容憔悴,不再美丽。

后来,众神可怜她,把她变成一大朵黄色的向日葵。她的脸儿变成了花盘,永远向着太阳,每日追随阿波罗,诉说着自己对阿波罗永恒不变的爱。

·神庭会审·

"阿波罗呀阿波罗,整个神庭,就你天天给我惹祸。你刚刚害得达芙妮变成月桂树,现在又害得水泽仙女变成向日葵。唉,我怎么生了你这么个讨债鬼。"宙斯围着站在他面前的阿波罗,走了一圈又一圈,嘴里絮絮叨叨说个不停。而阿波罗却有点儿不耐烦,他说:"冤枉啊,爱情又没办法勉强,况且又不是我把水泽仙女变成向日葵的。"

宙斯说:"好吧,就算不是你把水泽仙女变成向日葵的,但你怎么忍心把一个美女晒得那么黑那么憔悴呢?你经过她头上时,不会用云遮一下啊,真是不懂怜香惜玉。"

阿波罗无语了。

宙斯继续说:"你不会不知道太阳火球散发出来的紫外线有什么危害吧?你那么笨,还是给你几个选项好了。"

A. 晒久了会变成向日葵;

B. 会使人们像克里提一样迷恋上阿波罗;

C. 使人类皮肤老化、受伤,甚至癌变;

D. 晒久了会被太阳火球砸中。

 阿波罗迷惘地摇摇头。
宙斯耸耸肩,无奈地说:"OK,我来告诉你。"

宙斯宣判

宙斯笑着对阿波罗说:"紫外线有许多作用,但也有危害。我先说一下紫外线的作用。它可以杀菌消毒、能够促进人体对钙的吸收。它还直接影响到人体对维生素D的吸收,如果人类长期不接触紫外线,将不能获取足量的维生素D。"

阿波罗点点头,表示听明白了。

宙斯继续说:"不过,紫外线的危害也很明显,像克里提那样长期暴露在紫外线里,轻则皮肤变黑、变粗、老化、生成皱纹、皮肤发红起水泡,重则皮肤癌。况且,现在人类乱排放污染气体,导致臭氧层出现空洞,如果长期暴晒,就更容易得皮肤癌了。"

阿波罗惊讶得下巴都快掉到地上了,说:"不会吧?我天天驾着太阳车,岂不是最危险!我可是你亲生儿子啊……"

"哈哈哈哈——"宙斯大笑道,"早跟你说过你是永生不死的,放心吧。"

赏罚分明

宙斯又"调戏"起阿波罗来。他说:"小波波,你这次无情地伤害了一个美女的心,你自己说吧,要受什么处罚?"

阿波罗故作可怜状:"人家下次再也不敢了。"

"那可不行,"宙斯说道,"嗯……就罚你一个星期半刻都不得躲到云层里,必须晴空万里。就这么定了。"

秘密六：月亮会被天狗吃掉吗？

好了好了，阿波罗忙个不停，天天驾马车东升西落，还总是惹祸被罚，实在太可怜了。我们先让他休息一下，下面掌声有请阿波罗的双胞胎妹妹、月亮之神阿耳忒弥斯登场！

阿耳忒弥斯和阿波罗虽然是龙凤胎，但她的性格跟阿波罗却完全不同。阿波罗活泼开朗、率真可爱，但是阿耳忒弥斯却刚好相反，她庄重威严，像月亮一样高高在上，看上去有点儿凶巴巴的，让人觉得不太好相处。

天上掌管月亮的月神一共有三个，阿耳忒弥斯是其中一个，她代表弯月，而其余两位月神则分别代表新月和满月。阿耳忒弥斯不像阿波罗一样用的是马车，她用的是鹿车，带头的那头鹿的角是银色的，像月光一样闪闪发光。阿耳忒弥斯除了是月亮女神之外，还是狩猎女神，她手持弓箭，由众犬伴随，常和众女神一起把狩猎当作游戏一样玩耍。

但可别以为月亮女神就像大风车的月亮姐姐一样和蔼可亲。阿耳忒弥斯的脾气很差，动不动就暴跳如雷。

比如卡吕冬国王有一次没有像以往那样向她奉献新鲜水果，她就气得火冒三丈，把许多凶恶的野猪赶进卡吕冬国，卡吕冬国的人类这下就遭了大殃，死的死伤的伤，惨不忍睹。

还有一次，征战特洛伊的希腊联军首领阿伽门农杀死了她的圣鹿，并得意地炫耀自己的射技优于狩猎女神。阿耳忒弥斯就执意要阿伽门农把女儿伊菲格涅娅交出来当祭品，以抵偿圣鹿。阿伽门农不得不把自己的女儿交出去，可阿耳忒弥斯又在祭坛上把人换成了鹿，瞒过大家，将伊菲格涅娅带到陶里斯，让他成为自己神庙中的女祭司。

雅典娜也不知道的小秘密

神庭会审

阿耳忒弥斯犯了严重的错误,被宙斯传唤到神殿上受审,但她仍然没有礼貌:"喂,你们把我找来会审,是打算做什么?"

这时天后赫拉简直像容嬷嬷:"放肆,没规矩的丫头……"

赫拉的话被宙斯打断:"好啦好啦,教育小朋友是一门艺术,还是交给我来吧。"宙斯转向站在一旁的正义女神忒弥斯,问道:"忒弥斯,关于阿耳忒弥斯驱赶野猪伤害人类,以及她强迫人类交出伊菲格涅娅的事情,该怎么判决?"

正义女神忒弥斯蒙着双眼,手里拿着天秤,说:"阿耳忒弥斯触犯了天条和神律,理应受到处罚。为了处罚她,从此以后月亮只能依赖太阳的反射发光。"

宙斯皱起眉头说:"这可不行,如果太阳光被挡住了,天上就没有月亮了。"

正义女神会心一笑,说:"那就是月食呀。阿耳忒弥斯,你就来解释一下月食是怎么回事吧。"

选项如下:

A. 月亮车上,神鹿发光的银角被偷了;

B. 太阳被地球挡住了,月球得不到太阳光的照射;

C. 月亮女神偷懒下班了;

D. 月亮女神被罚关进了黑屋子。

阿耳忒弥斯仍然不知悔改,她傲慢地说:"选A,阿伽门农杀死了我的圣鹿,我一定要报仇。"

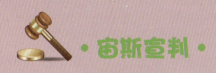

雅典娜也不知道的小秘密

宙斯眉头紧锁，简直就要发飙。但不等他开口，正义女神就说道："月神，你回答错了。答案应当是B。因为从此以后，人类看到的月光，都将只是太阳照射到它身上的光，它再把光反射到地球上，所以地球上的人类可以在黑夜里看到亮堂堂的月亮，但月亮本身是不发光的。 月食分为月全食和月偏食。月亮、地球、太阳三颗星球在各自的轨道上运行，假如有一天它们运行到同一条直线上，地球不小心挡住了太阳光，导致月亮只被太阳照到一半，这时月亮看上去像缺了一大半，就叫月偏食。如果太阳光全被地球挡住了，月亮就得不到光照，此时从地球上看月亮就像一个巨大的黑饼，外面有一圈银色的光，这就叫月全食。阿耳忒弥斯，你现在甘愿受罚吗？"

阿耳忒弥斯不好意思地低下了头，说："我甘愿接受这样的处罚。"

宙斯心里偷着乐，终于是把这个火爆脾气的女儿教训了一顿，但是脸上却佯装严肃，说道："既然你有悔过的诚意，我就不另外处罚你了。只是，你可不要以为月亮不发光，就可以每天在家赖床哦，你仍然要每天晚上驾着牛车从东边驶向西边。"

秘密七：咦，为什么会有冬天？

每年总有那么一阵子，天气变得格外寒冷，人们躲进了被窝，农作物停止生长，那就是令人讨厌的冬天来啦。

在很久以前的古希腊，有个农业女神德墨忒尔，她专门负责掌管农业。她有个宝贝女儿，名叫珀尔塞福涅。

有一天，宝贝女儿在原野上采花，玩得正欢乐。突然山崖裂开了一条缝，只见冥王哈得斯驾着马车从缝里出来了。他一看到珀尔塞福涅就立刻爱上了她。然后，冥王也不先问人家愿意不愿意，直接把她抱上马车带回了冥府。

德墨忒尔听到宝贝女儿的呼救，急急忙忙赶到原野上，可是宝贝女儿已经不知所踪。她急得像热锅上的蚂蚁团团转，找遍了人间所有地方都找不到自己的宝贝女儿。愤怒的农业女神，由于找不到自己的女儿，干脆把怒火发到了人类身上，她让庄稼全部枯萎，花儿全部凋谢，让世界变得了无生机。

这时，太阳神阿波罗实在看不下去了，他对德墨忒尔说："哎呀，拜托您不要因此伤害人类，您的心肝宝贝是让哈得斯抓去做老婆啦。"

德墨忒尔听后，怒气冲冲地去找哈得斯，可是哈得斯给珀尔塞福涅吃了一枚冥界的石榴籽，珀尔塞福涅永远不能回到人间了。德墨忒尔想与女儿生活在一起，所以恳求宙斯允许她下到冥界陪伴自己的宝贝女儿。可是宙斯说道："绝对不行，想都别想，你如果去冥界了，人类全部得饿死。"绝望的德墨忒尔从此什么事都不管，植物不再生长，到处是饥饿的难民，世界都变成了黑色。

迫于无奈，宙斯只好同意德墨忒尔一年中有三个月可以下到冥界陪伴自己的女儿。

神庭会审

农业女神每年要去冥界的事可不是随便就能拿来开玩笑的。于是宙斯给各路神仙打了电话,让他们前来商议。

众神议论纷纷,谁也不知该怎么办。

宙斯扫了一眼坐在旁边正在低头玩手机的阿波罗,说:"小波波,你怎么看?"

阿波罗头都没抬:"我用眼睛看啊。"

气得宙斯干瞪眼,但顾及形象,宙斯只好转向宝贝女儿雅典娜说:"娜娜,你怎么看?"

雅典娜稳重地说:"我们现在的季节只有春季、夏季、秋季,我看不如再加一个季节。农业女神离开的那三个月,就叫冬季。"

"好主意!"宙斯发现阿波罗还在玩手机,准备给他一个小教训。

他说:"阿波罗,如果人类问你冬季为什么那么冷,你要怎么说?"

A. 农业女神去冥界了;

B. 冥王来人间了;

C. 太阳光直射到地球的另一半;

D. 地球被放进冰箱了。

 阿波罗抬起头,茫然地说:"应该是……选A吧?"

宙斯宣判

雅典娜也不知道的小秘密

宙斯真想跳起来直接把阿波罗从神殿里扔出去，但又想到随意体罚子女是违背《神仙保护法》的。于是，他只得忍着怒火耐心说道：

"错啦，你应该选C。因为你每天驾着太阳车，并不是固定地直射地球的某一个点，而是有规律地进行移动。

我们希腊位于地球的北半球，当太阳直射北半球时，由于受日照较多，北半球就处于较为炎热的夏季。而当太阳直射点离开北半球开始向南半球移动时，由于北半球受日照越来越少，就变得越来越冷，直到太阳直射南半球的南回归线时，北半球就到达每年中最冷的季节冬季了。

由于冬季很冷，所以植物暂停了生长，人类也暂停了劳作。阿波罗，你可千万要把这个答案记住了！"

"是是是！"阿波罗连连点头，生怕惹得宙斯更加生气。

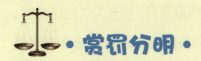

赏罚分明

待众神纷纷散去，宙斯对阿波罗说："你今天胆敢在开会的时候玩手机，我非惩罚你不可。"

阿波罗说："我是在看信息……"宙斯"哼"了一声。

阿波罗说："海洋女神在QQ群里发了消息，请大家去参加她的结婚Party。"宙斯坏笑："罚你不许去参加海洋女神的Party……"

秘密八：海啸是因为海洋女神的一个喷嚏？

宙斯手下的众神常常开各种派对，大家在派对上KK歌，跳跳迪斯科，开心得像过年一样。

这不，海洋女神忒提斯和凡人珀琉斯要结婚了，她给众神发了请帖，邀请所有神来参加结婚派对。

但是，众神们看到新郎时，都感到很纳闷，为什么大美女忒提斯要和一个凡人结婚呢？其实，故事是这样的。在忒提斯还是个小姑娘的时候，海神波塞冬就追求过她，那时候互联网还不流行，也没办法用手机发短信，波塞冬就每天给忒提斯写情书。可是波塞冬没有感动忒提斯，她仍然看不上波塞冬，便跟波塞冬说："老师说早恋有害身心健康，我们还是好好学习吧。"

宙斯也很喜欢忒提斯，想要把她娶回家。当他买了结婚戒指、准备好烛光晚餐，准备向忒提斯求婚的时候，正义女神告诉宙斯千万不能和忒提斯结婚，因为忒提斯生的儿子将比宙斯更加强大。宙斯吓了一跳，他最害怕有人比自己更强大,即使是自己的儿子也不行。所以宙斯果断地取消了求婚,并且,还强迫忒提斯与凡人珀琉斯结婚。

忒提斯很瞧不起凡人珀琉斯,她对珀琉斯说:"我们来个比武招亲吧。你如果打赢了我,我就嫁给你。"

珀琉斯偷偷躲在忒提斯经常去玩耍的山洞里,等忒提斯来到山洞,就一把抱住她。忒提斯把自己变成蛇,珀琉斯没有感到害怕,仍然紧紧地抱着她。最后,功夫不负有心人,珀琉斯成功了,忒提斯爱上了珀琉斯的勇敢,并且答应和他结婚。

瞧,这时忒提斯正手捧鲜花,缓缓地步入婚姻的殿堂呢。

主婚人宙斯问:"忒提斯,你愿意嫁给珀琉斯吗?"

"阿嚏!阿嚏!"忒提斯突然打起喷嚏来,一个接一个。半天说不上话,原来,忒提斯花粉过敏。忒提斯的喷嚏打个不停,她急得直跺脚,海洋都被她急得刮起了狂风,引发了海啸。

读名著学常识

神庭会审

一大串的喷嚏把海洋女神的婚礼搞砸了，新娘很生气，后果很严重。她来到神庭哭诉，想让宙斯惩罚百花之神，如果不是百花之神的鲜花，她就不会打喷嚏，也就不会让自己在婚礼上丢那么大的脸。忒提斯越想越生气，开始像泼妇一样骂骂咧咧诅咒百花之神。

宙斯制止道："注意素质注意素质。"她这才安静了些。这时，蒙着眼睛的正义女神说道："忒提斯，你只是在婚礼上打了几个喷嚏而已，你自己的心理素质和应变能力太差了，不能责怪百花之神。但是你狂躁的性格，引起了海啸，你必须负起责任来。为了向人类交代，你必须回答一个问题，否则将受到处罚。"

海洋女神有点儿委屈，但正义女神的话不得不听。

正义女神："海啸是怎么形成的？"

A. 海洋女神在打喷嚏；

B. 海洋女神急得直跺脚；

C. 大地活动引起的；

D. 被风神吹起的。

忒提斯想了想说："A？"

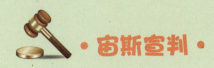

雅典娜也不知道的小秘密

正义女神微笑说："还是请宙斯来公布答案吧。"

"咳咳——"宙斯清了清嗓子说，"这个海啸嘛，当然不是海洋女神在咆哮啦。正确答案应该是C。地震、火山爆发或者水下塌陷和滑坡等大地活动激起巨浪，这些巨浪在涌向人类的海湾内和海港内时，就会形成破坏性的大浪，这就是我们平时所说的海啸。"

宙斯停顿了一下，继续说道：

"不过，也不是所有的海底地震都会引起海啸的，只有达到里氏6.5级以上的地震，并且海底地形出现垂直断层时才会引起对人类有严重危害的海啸。前几年发生在印度尼西亚的海啸，以及发生在日本的海啸，都是这样形成的。"

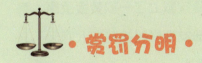

忒提斯答错了，宙斯考虑到忒提斯是自己的旧情人，所以不想太为难她，便说："小忒，我有个儿子，叫赫菲斯托斯，他从小在你们海洋里长大。我一直想让他回奥林匹斯山来，可是他固执己见。你替我给他做做思想工作，让他早点儿回来。"

秘密九：喝酒还会破坏婚礼？

阿波罗和火神赫菲斯托斯都是宙斯的儿子，他们是同父异母的兄弟。但是赫菲斯托斯可没有咱们英俊潇洒的阿波罗那么好运，他长相丑陋无比，身体瘦小，而且天生残疾。他一出生就被他的母亲天后赫拉扔下了奥林匹斯山，几天几夜后他落到了海洋里，被海洋女神收养。

赫菲斯托斯虽然长相丑陋，但心灵手巧，他擅长用火打造各种精美的物品。他给宙斯制作了王杖和神盾，为酒神狄俄尼索斯制作了酒神杖，为太阳神阿波罗造了太阳车……就连绑住普罗米修斯的锁链也是赫菲斯托斯锻造的。

有一天，为了报复赫拉当初遗弃自己，赫菲斯托斯向赫拉献上了一款黄金宝座，赫拉坐上宝座后却发现屁股被粘在上面起不来了，只能哇哇直叫。

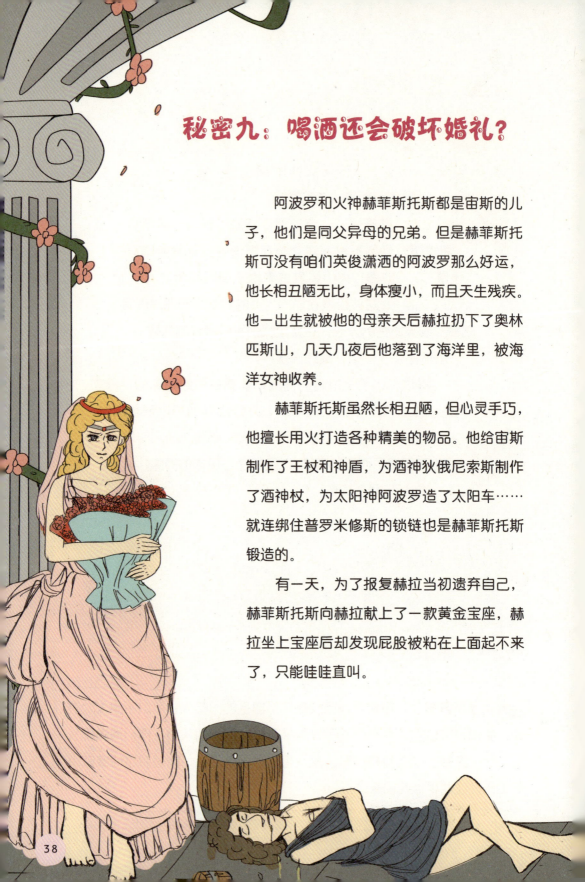

众神见势不妙，纷纷替赫拉求情，请求赫菲斯托斯回到奥林匹斯山。但赫菲斯托斯是个固执的人，他可不是谁的话都听，他三番五次拒绝众神的请求，执意不肯放了赫拉。

众神无法解决此事，这时酒神狄俄尼索斯自告奋勇地说："这件事包在我身上。"说完酒神去找赫菲斯托斯喝酒，并把他灌醉了，放在一只骡子背上带上了奥林匹斯山。

赫菲斯托斯上了奥林匹斯山，仍然雷打不动地不同意把赫拉放了。这让宙斯很头疼，突然有一天看见阿佛洛狄忒从窗前走过，灵机一动，把赫菲斯托斯叫到面前，对他说："嘻嘻，好儿子，你还没结婚吧？"

赫菲斯托斯说道："有谁愿意嫁给我呢？"

"你看美神阿佛洛狄忒怎么样？我把她许配给你，但你得放了你妈妈。"宙斯说道。

赫菲斯托斯高兴极了，同意了宙斯的条件与阿佛洛狄忒结了婚，然后释放了赫拉。

读名著学常识

神庭会审

神殿大门放起了礼花，赫菲斯托斯要娶老婆啦，三姑六婆都来凑热闹，吃喜糖。只见赫菲斯托斯手里牵着新娘阿佛洛狄忒走进了神殿，而阿佛洛狄忒手里捧着鲜花，穿着雪白的婚纱，美得像仙女，不，她本来就是。超大喇叭里响起了那首著名的结婚进行曲"当当当当当当当……"

可是，赫菲斯托斯走到一半突然晕倒在地，呼呼大睡，惹得新娘和众神们一阵惊呼。

酒神挠了挠后脑勺说："不好意思，我今天早上请他喝了两瓶二锅头……"

在场众神哭笑不得，唯独阿佛洛狄忒气得直跺脚，大婚之日新郎却醉得不省人事，这说出去可叫她怎么见人啊。

宙斯道："酒神，你必须替我告诉众神过量饮酒的危害。大家引以为诫。为了方便大家了解，我先给出几个选项！"

A. 过量饮酒会惹阿佛洛狄忒生气；

B. 过量饮酒就结不成婚；

C. 过量饮酒会伤害肝脏、会使人发胖；

D. 过量饮酒会使火神被抬回奥林匹斯山。

 酒神答："正确答案应该是C。"

·宙斯宣判·

宙斯:"酒神,你说详细点。"

酒神向众神鞠了一躬,说:"二锅头里含有酒精,酒精又叫乙醇。酒精的用途有很多,可以消毒杀菌、可以当燃料等,少量饮酒也对我们的身体有一定好处,但过量饮酒就不好了。不要以为我们神可以长生不老,其实酒精对我们的身体有同样的危害。

最容易受伤的不是我们的心,而是我们的肝脏,过量饮酒能损伤肝细胞,容易引发酒精性肝炎或者肝硬化哦。喝太多的酒,还会造成我们身上的脂肪不能及时消耗掉,这样我们就会越来越胖,最后变成"啤酒肚"。除了对身体有危害之外,过量饮酒还会引发暴力事件,对我们神界的治安有害。 当然,过量饮酒可能导致婚礼不能继续进行下去,从而影响爱情,赫菲斯托斯就是一个活生生的例子,我们大家要吸取他的教训。"

·赏罚分明·

众神听完酒神的解说,个个恍然大悟。平时只知道喝酒可以助兴,却不知过量饮酒对身体危害这么大。宙斯对酒神说:"解释得不错,不过还是得处罚你。阿佛洛狄忒最近在凡间帮助人类使用各种工具,我派你去当她的助理,协助她开展工作。"

秘密十：蜘蛛蜘蛛，你为啥要吐丝？

一位女神手持神盾，颇有几分神秘的气质——她正是从宙斯脑袋里生出来的雅典娜。雅典娜出生前，地球之神盖娅预言，雅典娜将具有超过宙斯的力量。要知道，宙斯是个没度量的小气鬼，为了防止将来被亲生女儿抢走王位，他把还未出生的雅典娜连同她的母亲一起吞进了肚子里。

可是，躲得过初一躲不过十五，这仍然没能阻止雅典娜的出生。有一天，宙斯感到头痛难忍，众神想尽办法都无法将他治好。他不得不让火神打开他的脑袋。只见火神将宙斯的脑袋劈开，雅典娜就蹦了出来，神奇的是，她一出生就手持神盾，披着战甲，活脱脱像是刚打完胜仗回来的花木兰。

雅典娜也不知道的小秘密

宙斯只得无奈地接受了她这个女儿。不过后来，宙斯开始越来越喜欢这个宝贝女儿了。

因为雅典娜教会了人类许多技能，送给人类许多工具，所以人类以史无前例的速度进步着。累却幸福着的雅典娜就这样在神殿中望着人们，当然她也是需要报酬的。可是，她所需要的报酬只不过是人们的一点点感谢罢了。

有一个叫阿拉克涅的姑娘，偏偏就不懂得感恩。由于她织的布又快又好，花纹还很漂亮，人们总是这样夸奖她："你这手艺活儿真不赖，快赶上雅典娜了！"每次听到这里，姑娘就会拿剪刀毁掉刚刚织好的布，一摔剪子说："我明明比雅典娜织得好，什么叫快赶上了，你倒是去找找看，还有比我手艺更好的人吗？"

"姑娘，我想奉劝你，不要辱骂雅典娜，她不会轻易饶过你的。"一位老太太说道。

可阿拉克涅不服气，还硬要和老太太比赛织布。于是，几天后，两个女人各自把织物放到展示架上：老太太的织物就像一部史诗，壮丽无比。

"天呢！你织的都是什么啊！"阿拉克涅看了一眼就尖叫起来，"啧啧，那个穿盔甲的猫头鹰丑死了，好像雅典娜哦！"

老太太愤怒地一把抓过阿拉克涅的织物，结果被其美丽震惊了。很难相信那是一块织出来的布，上边的百花如此鲜艳和逼真，甚至连蝴蝶都会上当。"你织得不错，可还是比不上雅典娜的。"老太太说。

说完，老太太转身一变，现出原形。原来，她就是雅典娜。此刻，她几下就把阿拉克涅的织物扯碎了，扔到地上，"这就是你不道歉的后果，你的杰作将因你而被毁灭！"

说完，雅典娜上前摸了摸她的额头，"噗"的一声，阿拉克涅不见了。人们看到，在阿拉克涅站过的地方，出现了一只小小的爬行动物。这个小动物有八条腿，肚子很大，眼睛小到几乎看不出来，而且它在不停地吐丝，把自己悬挂在丝网的正中间。

"呀，这是啥？"大家后退一步问。

"这叫蜘蛛，是我刚刚创造出来的生物，当然，它也是阿拉克涅。"雅典娜俯身，让这个小东西爬到她的手指上，"为了让你永远记住侮辱神的教训，阿拉克涅，你的子孙后代将永远这个样子生活。"

"女神，它的腹部在不停地抽出丝来，请问这是为什么啊？"一个男人问。

雅典娜回答："有四个答案，如果你猜对了，就可以带这个小家伙回家了。"

A. 为了继续自己悲剧的人生，所以继续纺织；

B. 抽丝、结网，捕捉昆虫；

C. 抽丝，然后用丝线把自己捆起来，等到以后破茧成蝶；

D. 装饰用的。

男人回答："我想答案是C吧，我听说过类似的昆虫，那实在是很奇妙的属性。"

·雅典娜宣判·

雅典娜微笑着看着男人说："回答——错误！答案实际上是B。"

很多人都喜欢穿妈妈织的毛衣，温暖又舒适。可是，羊毛出在羊身上，妈妈只不过是用人家产的毛来编织而已，可是，自然界有一种昆虫却可以自产自用，编织出好看的花纹来。你们猜到它是谁了吗？没错，是蜘蛛！

我们常说蜘蛛吐丝，可蜘蛛的丝并不是从嘴里吐出来的，而是从肚子上。

这是因为，蜘蛛的肚子上有着其他昆虫所没有的法宝——纺器，纺器上生着很多纺管，蜘蛛丝就是从这里出来的。蜘蛛不停地从肚子里抽出丝来，用这些丝织成一张网，然后就到旁边"守株待兔"啦。等到一些飞得晕头转向的小昆虫不小心一头撞进网里，这些坚韧又富有黏性的蜘蛛丝就会死死地把昆虫困住，而守在一边的蜘蛛便用蜘蛛丝将它"五花大绑"，然后就可以慢慢享用美餐啦！

·赏罚分明·

雅典娜把阿拉克涅变成的蜘蛛放到神殿里，蜘蛛日复一日地织网，其他事情都不管不顾。人们蜂拥而来，给蜘蛛喂吃的，可是它一概不吃，没有人知道它在靠什么活下去。到了夏天，大家奇妙地发现神殿里居然连只蚊子都没有。而在他们头顶上方，蜘蛛织出的网不停地粘到一些小昆虫，它会迅速地扑过去吃掉。

好啦，蜘蛛观光完毕，下面我要带你去一个迷宫玩儿。快跟上，别落下了。

雅典娜也不知道的小秘密

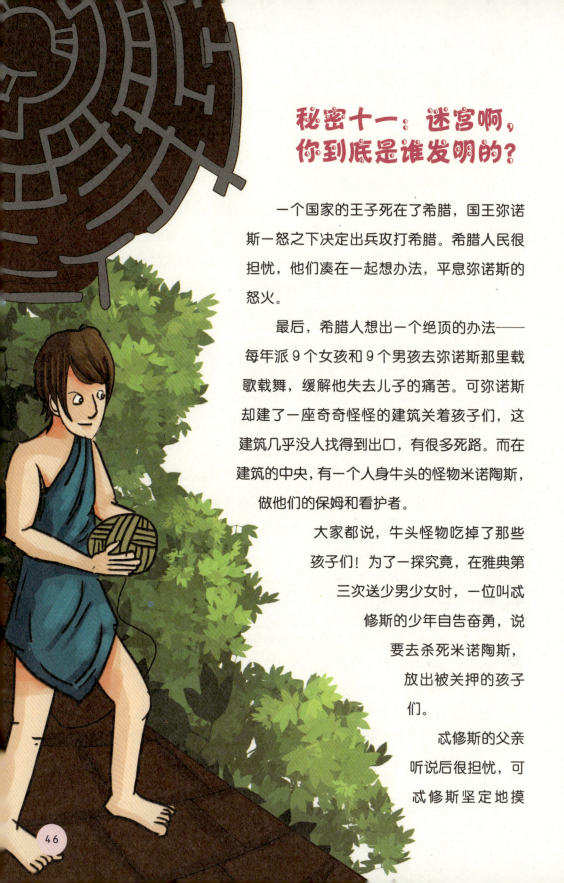

秘密十一：迷宫啊，你到底是谁发明的？

一个国家的王子死在了希腊，国王弥诺斯一怒之下决定出兵攻打希腊。希腊人民很担忧，他们凑在一起想办法，平息弥诺斯的怒火。

最后，希腊人想出一个绝顶的办法——每年派9个女孩和9个男孩去弥诺斯那里载歌载舞，缓解他失去儿子的痛苦。可弥诺斯却建了一座奇奇怪怪的建筑关着孩子们，这建筑几乎没人找得到出口，有很多死路。而在建筑的中央，有一个人身牛头的怪物米诺陶斯，做他们的保姆和看护者。

大家都说，牛头怪物吃掉了那些孩子们！为了一探究竟，在雅典第三次送少男少女时，一位叫忒修斯的少年自告奋勇，说要去杀死米诺陶斯，放出被关押的孩子们。

忒修斯的父亲听说后很担忧，可忒修斯坚定地摸出两张旗，一张是黑色的，一张是白色的。他说："爹，如果米诺陶斯死了，我就挂个白旗在帆上回来；如果我死了，就拜托别人挂个黑旗在帆上回来。"

忒修斯来到了邻国，遇到一位姑娘正在织毛衣，毛线球滚到他脚边，于是他就拾了起来。姑娘不接，反而说："我是这个国家的公主，我知道你是来杀死怪物的。我可以帮助你。我爸爸建的那个房子叫迷宫，连他自己进去了都走不出来，可是我有办法让你按照进去的路线原路返回。"公主指着忒修斯手中的线团，"拿好这个。"

"你带着这线团进去，所有走过的路都铺上线，最后只要跟着线，不就能原路返回了吗？"

于是，忒修斯拿着线团很顺利地摸进了迷宫，因为无论他走错了什么路都可以立刻回到原点，重新找一条对的路，因此很快来到了迷宫的中心。

读名著学常识

神庭会审

这时，米诺陶斯正在喝开胃酒，忒修斯立刻扑上去，用毛线绳绑住它，又刺死了它。随后，忒修斯在附近找到很多骨头，之前送来的那些男孩女孩们果然都被怪物吃掉了，杀死它真是一点儿也不过分。

忒修斯想要出迷宫时，才发现手中的毛线因为在绑米诺陶斯时，被它挣断了，现在，他无法找回原来的毛线了，他出不去了。

"天上的神灵啊，救救我吧！告诉我怎么走出这里吧！"忒修斯对天空喊道。

"我是雅典娜，我喜欢保护英雄，给你一个机会，只要答对了题，我就给你画一张走出迷宫的地图。"

"好的好的，您快请说，女神殿下。"

"就问你一个关于迷宫的问题好了。"

迷宫最初是哪国人发明并建造的？

A. 古希腊人；

B. 古埃及人；

C. 古巴比伦人；

D. 古中国人。

忒修斯听完题目，心中大喜过望，因为这个问题很简单，他立即回答："我选D。"

· 雅典娜宣判 ·

雅典娜也不知道的小秘密

雅典娜看着忒修斯,问:"你确定吗?"

忒修斯点头,说:"确定啊!"

雅典娜又问:"你真的真的确定吗?"

忒修斯继续点头:"确定确定。"

雅典娜说:"确定第一次,确定第二次,确定不确定?要不要换答案?"

忒修斯动摇了,他迟疑地问:"答案是不是A啊?"

雅典娜一拍桌子,说:"正确!"

忒修斯刚要开心,雅典娜说:"你第一次的回答是正确的,答案是D!"

我们知道,在迷宫中,我们总是会情不自禁地迷失方向,兜兜转转找不到出口。迷宫的设计,真可谓是令人惊叹。这么神奇的迷宫,一定是由聪明绝顶的人发明的。没错,最初的迷宫,得追溯到四千六百多年前的中国。当时,我们的老祖先黄帝在军事上使用了奇门遁甲术,这便是迷宫的前身,而著名的军事家诸葛亮,也非常精于此道。但迷宫发展至今,已更多地应用于游戏中了。

 · 赏罚分明 ·

"噢耶,最后的时刻你改错了答案,现在,你——出、不、去、啦!"雅典娜说完就消失不见了。忒修斯被逼急了,超常发挥,脑中突然浮现出一张清晰的地图,并且按照它顺利走出了迷宫。然而,忒修斯太兴奋了,以至于他挂错了旗,本该挂白旗的,他却挂了黑旗。等到他好不容易回到了希腊故乡,邻居告诉他,他的父亲重病去世了,因为他在海边瞭望时,看到一面黑旗,伤心过度,一病不起,终于病逝。

秘密十二：自恋的水仙为什么生长在水里？

"镜子镜子，最美的男人是谁？"一大清早，一座湖边的小木屋里就传来了这样的声音。

"又来了！"一只乌鸦飞过。"愁死我了！"另一只乌鸦衔着一串省略号飞过。

这是一片大森林，林中有许多美丽的仙女，可是她们全都比不上住在屋中的那个男人美。仙女们非但不嫉妒他，反而很想和他合影，要他的签名，因为他有潜力变成明星，等到他成名后这些签名照就可以拿去卖大价钱了。

那喀索斯，就是这个美男子的名字，他自知自己俊俏，便不把任何人放在眼里。其他仙女也都习惯了，不会再众星捧月一般跟着那喀索斯，只会在他固定去湖边梳理头发时，冲上去求他在心情好时签名合影。

但是，有一位后来才搬到这个森林里来的仙女厄科，她很想和那喀索斯做好朋友。为了让那喀索斯注意到她，她先躲在他的房子附近，他一出门，她就抱住他，可是那喀索斯到底是练过跳舞的，只见他一跷腿一滑步，轻易地就躲开了，接着就消失在树林中。

厄科非常伤心，

伤心到身体消瘦，血液蒸发的地步，最后竟然变成了石块。

第二天，那喀索斯又来到湖边，照旧望着水中自己的倒影。这时，他突然一阵头晕，无法站起来，只好一直跪坐在湖边，垂着头看着自己的倒影。周围的仙女们都好奇地看着他，然而却没有人敢上前帮助他，因为厄科的行为让她们看到了自己可能的结局。

一天又一天，那喀索斯越来越憔悴、消瘦。仙女们最终觉得不对劲，过去推了他一把，谁知道那喀索斯轰然倒地，早就死去了。

仙女们哭着要去埋葬他的身体时，突然从湖水中长出一株有着白色花瓣、黄色花蕊的花朵。

"这是什么花啊?"仙女们唧唧喳喳地问。

天上的宙斯听到了,便回答:

"这花名叫水仙,是那喀索斯变化而来的,他伤了厄科的心,这是对他的惩罚。"

"那它怎么会开在水里呢?其他花都是生在泥土里啊。"

"你来猜猜看怎么样?我这儿有四个答案,你选一个。"

A. 因为它叫水仙花,所以生长在水里;

B. 水仙是大蒜的变种,大蒜只要放进水里也会长出蒜苗;

C. 水仙依靠鳞茎获得养分;

D. 那喀索斯死在湖中,因此这花就生长在湖中。

仙女犹豫了一会儿,说:"我选 A。"

· 宙斯宣判 ·

宙斯说:"其实我一直想告诉你一个做选择题的诀窍,就是挑字多的选。"

仙女说:"哦,我懂了,应该选B,对吗?"

宙斯说:"对了是对了,可是奖品就不能给你了。"

"奖品是什么?""是天庭十日游加水仙纪念金币一套。"

"我要!再给我一个机会吧!"

"不,不,现在,由我来解释一下为什么选B吧。

我们知道,一到春节,花市便会异常火爆,其中卖得最好的,就是水仙了。很多人将水仙的根茎买回家,种在水盆里,算好时间,到了新年,刚好就可以开出漂亮的小黄花来。

可奇怪的是,水仙不像别的植物要依靠泥土,而是单单靠水就可以存活。因为,它和大蒜是近亲,大蒜种在水里可以长出蒜苗,水仙也一样,当我们把它买回去时,它的圆形根系已经在泥土中成长了两三年,吸收储存了大量的养分。所以,接下来,只需要一点儿水和一定的阳光、温度,它就可以长叶开花啦!"

雅典娜也不知道的小秘密

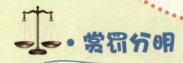 **· 赏罚分明 ·**

"眼下倒是有一桩棘手的事要解决,如果你帮我解决了,我还是可以给你礼物的。"宙斯说。

"是什么问题能难倒您?"

"确切地说,就是我有一个苹果,不知道该送给谁。"

"一个苹果还纠结什么?"

"唉,此事说来话长,听我下回分解。"

秘密十三：怎么知道金子的真伪？

《神界江湖》日报头版头条：三个女神同争一苹果，天价苹果落入谁手？这份报纸当天卖断货，数不清的人涌到神住的奥林匹斯山脚下，好一睹分苹果的盛况。

这到底是怎么回事呢？原来，有一天，在众神聚餐时，一位女神从口袋里掏出一个苹果，上边写着"送给最美的女神"。这苹果不是普通苹果，也不是咬了一口的那个苹果，而是一个华丽的金苹果！

所有的女神都沸腾了，大家都认为自己是最美的，不过好在有人想起天界有个美貌排名表，排在前三的是——天后赫拉、智慧女神雅典娜、爱与美的女神阿佛洛狄忒。但她们三位却是并列，一时又评不出个最美来，于是她们三个一人拽着金苹果，一人托着金苹果，一人摸着金苹果，闹到了宙斯那里，要他选定谁是最配得到这个苹果的神。

给谁好呢？

雅典娜也不知道的小秘密

宙斯来回看着她们三个——妻子和女儿，哪一个也不能得罪啊！

宙斯想了想说："这事儿真不好办，要不，我找个人类来评判一下吧，你们三个都是我最爱的，我怎么分得出高低呢？"

女神们答应了，神的使者用电脑随机抽取了一个人的名字，那人是个爱放羊的王子，叫帕里斯。下一秒，使者出现在帕里斯面前，递给他一个金苹果。

王子看着苹果说："羊不吃苹果，更不吃金苹果，你弄错了吧？"使者讲明来意，并且告诉王子，一会儿三位女神将在他面前现身，他觉得谁最美，就把这个金苹果放到谁手中好了。

说时迟，那时快，神的使者消失了，三位女神站在了帕里斯面前。

"我是赫拉，如果你选我，我就让你做国王。"

"我是雅典娜，如果你选我，将成为智者。"

"我是爱神，如果你选我，我什么都不能给，只能让世上最美的女人做你的妻子。"

三位女神分别介绍自己。话音刚落，帕里斯就把这个苹果递给了爱神。

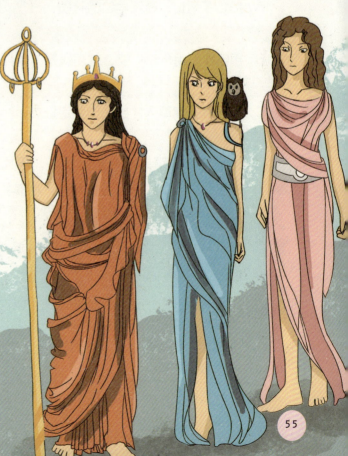

· 神庭会审 ·

"先别急,这个选择必须在回答过我的问题后才能生效。"赫拉说。

雅典娜也同意。赫拉继续说:"帕里斯,我问你,你知道金子的密度吗?"

"密度?那是啥?"帕里斯愣了。

"那我换个问题吧,假如我怀疑这个金苹果里掺了假,不是纯金的。你能想办法鉴定出它是否是纯金的吗?以下有四个方法。"

A. 把金子熔化,看看里边的材质;

B. 学电视,用牙咬一咬,就知道是不是纯金的了;

C. 找珠宝鉴定商人,出一份鉴定证书;

D. 找一块和金苹果一样重的金子,再找一块和金苹果一样重的银子,和金苹果分别丢进水里,观察溢出的水量。

帕里斯说:"这么难的题,我可以找个科学顾问再选吗?"
雅典娜说:"不可以,你随便选吧。"
帕里斯用行为选择了他的答案——他拿过金苹果,咬了一口,差点把牙齿崩掉。

·赫拉宣判·

雅典娜也不知道的小秘密

赫拉不屑地转身说:"很遗憾,你虽然是个王子,但却是个笨蛋。告诉你答案吧,应该选D。不过,我很好奇你想找的科学顾问是谁?"

帕里斯说:"是一位叫阿基米德的数学家,他曾经为国王鉴定过皇冠的真伪。"

现在制假的手段越来越高超了,往往会神不知鬼不觉地蒙蔽我们的双眼。也许一只金苹果的重量和相同体积的纯金一样重,但不代表里面没有掺假。可问题是,我们如何来鉴别呢?

古希腊数学家阿基米德曾经利用浮力原理成功地帮助国王鉴别了黄金王冠的真伪。我们可以仿照他的方法,先找来和金苹果一样重的一块纯金,将两样东西分别放到盛满水的容器中,然后比较溢出来的水。如果放金苹果的容器溢出来的水比放纯金容器的多,就说明金苹果的体积比纯金大,两者密度不同,这样就可以证明金苹果里面掺了假。

 ·赏罚分明·

"女神,你在为什么事发愁吗?"

"是这样,小帕,实际上,恐怕你的国家和邻国特洛伊就要打仗了。"爱神回答。

"为什么?"帕里斯问。

"这是一个预言,说这个金苹果如果给了我,将会引起战争。这场战争的关键人物叫阿喀琉斯。"

秘密十四：轮船停在海面上为什么不会沉下去呢？

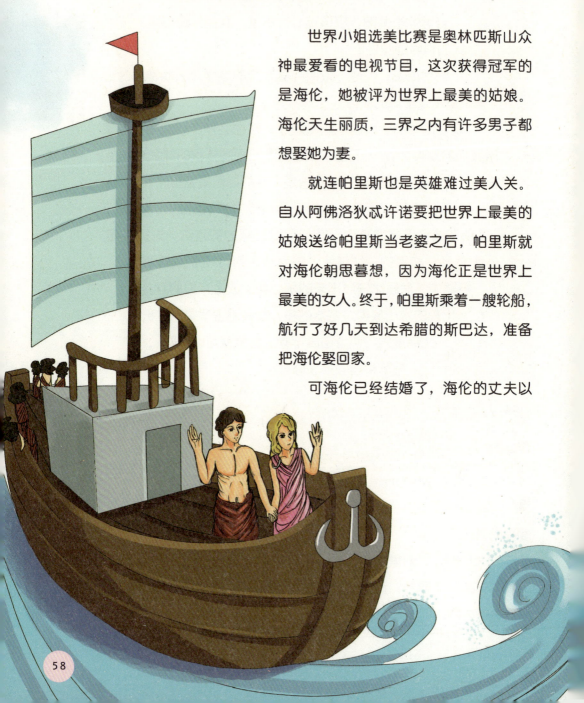

世界小姐选美比赛是奥林匹斯山众神最爱看的电视节目，这次获得冠军的是海伦，她被评为世界上最美的姑娘。海伦天生丽质，三界之内有许多男子都想娶她为妻。

就连帕里斯也是英雄难过美人关。自从阿佛洛狄忒许诺要把世界上最美的姑娘送给帕里斯当老婆之后，帕里斯就对海伦朝思暮想，因为海伦正是世界上最美的女人。终于，帕里斯乘着一艘轮船，航行了好几天到达希腊的斯巴达，准备把海伦娶回家。

可海伦已经结婚了，海伦的丈夫以

雅典娜也不知道的小秘密

为帕里斯只是来做客，他让帕里斯住进五星级大酒店，用各种山珍海味招待他。

在宴会上，帕里斯见到了日思夜想的偶像海伦，他们马上就擦出了爱的火花。

帕里斯说："亲……你跟我回特洛伊去吧。"

海伦："你是风儿我是沙，没问题……我愿意跟你走。"

被爱情冲昏头脑的海伦趁着丈夫去克里特岛办事，跟帕里斯私奔了。他们俩欢天喜地地坐着游轮，期待着即将来临的美好生活。这时，海神涅柔神看不下去了，他喊了声"停！"，轮船的发动机就坏了，停在海面上一动不动。

"帕里斯，"海神拿着喇叭朝着帕里斯的游轮喊话，"你夺人所爱，即违法又没道德，你总有一天要付出代价的。"

船上的帕里斯害怕了，他拿起手机拨通了阿佛洛狄忒的号码："女神，你不是说要把最美的人送给我吗？为什么现在却要让我付出代价？"

阿佛洛狄忒："可我也没说免费送你给啊。"

"你这不是坑爹吗？我要投诉你。"

"亲，我跟你开玩笑的啦，海神是嫉妒羡慕恨，你莫理他就是。"

阿佛洛狄忒的话使帕里斯放下了心，他命人修好游轮，带着海伦回到了特洛伊。

59

读名著学常识

神庭会审

帕里斯拐骗他人之妻,而海伦又那么红,难免惊动奥林匹斯山的众神。

宙斯坐在神殿中央的宝座上,皱着眉头,对阿佛洛狄忒说:"你干吗要承诺把最美的姑娘给他呢?这下闹出事来了吧?"

阿佛洛狄忒辩解道:"我以为海伦最多只能得亚军,没想到海伦粉丝的力量太强大,我真是失算了!"

"你就想想该怎么解决吧。"

"不如我们给帕里斯出道题,如果他回答对了,这件事情就了结了。"阿佛洛狄忒说。

"好,让正义女神来出题吧!"

正义女神说:"帕里斯用轮船把海伦带走,那就让他回答为什么游轮停在海面上不会沉下去。这里有4个选项给他选。"

A. 船是空心的,密度比水小;

B. 海神使了法术;

C. 阿佛洛狄忒在帮助帕里斯;

D. 游轮自身的神力。

这道题目通过传真发给了帕里斯,帕里斯回复道:"选C,定是阿佛洛狄忒暗中帮助我。"

·正义女神宣判·

宙斯："给了帕里斯机会，他却不好好把握。正义女神，你来宣布答案吧。"

正义女神："答案是 A。"

用钢铁制造的万吨巨轮虽然"体重"并不是真的有一万吨，但也是很重很重的了，如果放在比较松软的土地上，它是会压出一个坑来的，但是，放在海面上却不会沉下去。这是为什么呢？

古代数学家阿基米德发现了浮力原理，一个物体在水中受到的浮力与它的排水量，也就是体积，还有密度有关系，而与重量是没有关系的。游轮如果是实心的铁疙瘩，密度远远大于水，到海中马上就会沉底了。但是它实际上是空心的，装了"一肚子气"，空气的密度比水要小，而且它的体积很大，所以受到的浮力就会很大，就算载上很多游客，也不会沉下去呢。

雅典娜也不知道的小秘密

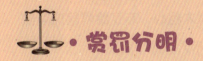

·赏罚分明·

宙斯瞅了一眼端坐在旁的赫拉，说："老婆，你看该怎么惩罚帕里斯呢？"

赫拉说："不听老人言，吃亏在眼前。金苹果事件时，我已经预言过特洛伊将面临一场战争。帕里斯又不努力学习，连小学生都能答对的问题他都能答错，就让他尝尝战争的味道吧。"

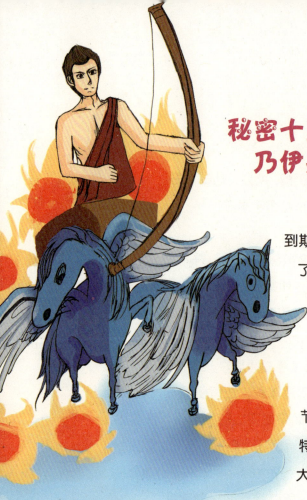

秘密十五：你知道木乃伊是什么吗？

被海伦抛弃的丈夫墨涅拉俄斯回到斯巴达后，发现海伦与帕里斯私奔了，他发自内心地诅咒帕里斯，发誓一定要把海伦抢回来，并且要给帕里斯一个惨痛的教训。

他在各大招聘网上发布消息，并且还联系了电视台的求职节目，召集大批勇士同他一起讨伐特洛伊。前来应聘的勇士中，就有大名鼎鼎的阿喀琉斯。

墨涅拉俄斯翻看了一下阿喀琉斯的简历，立马就决定录用他。

阿喀琉斯是海洋女神忒提斯的儿子，当他还是个小孩的时候，忒提斯为了让他变得更强大，每天抱着他去冥河洗澡（每天用冥河的水洗澡可以刀枪不入）。但忒提斯太粗心，忘了给阿喀琉斯做足浴，这导致阿喀琉斯长大之后，全身刀枪不入，除了脚底。

墨涅拉俄斯带着募集来的勇士，乘坐战舰前往特洛伊。话说，赫拉的预言可真是比天气预报还准，喏，特洛伊战争真的爆发了。

这场战争一打就是九年，双方旗鼓相当，不分高下。

这九年时间里，阿喀琉斯奋勇杀敌，表现十分突出，多次获得最佳战士奖、最受欢迎战士奖。可是谁也不会永远都是常胜将军，阿喀琉斯刀枪不入且过于英勇，杀死了无数特洛伊战士。作为特洛伊的保护神，阿波罗可不能不管这事儿。他坐在太阳车上，取出一把箭瞄准阿喀琉斯，等了半天，直到阿喀琉斯抬起脚露出脚底时，阿波罗以极快的速度用箭射中了阿喀琉斯的脚底。

　　箭穿过阿喀琉斯的脚底，顺着腿刺入了阿喀琉斯的心脏，这位大英雄"哐"一声倒在了地上，死去了。

　　阿喀琉斯的死，让他的母亲忒提斯和斯巴达的子民们悲痛欲绝。就连站在奥林匹斯山上看好戏的雅典娜都感到难过，她拿来一瓶长得像大宝一样的面霜，涂在阿喀琉斯的额头上，以使他永不腐烂。

读名著学常识

·神庭会审·

　　众神给阿喀琉斯开起了追悼会，会场上挂着阿喀琉斯的巨幅黑白照片，四周的挽联上写着：阿喀琉斯永垂不朽。

　　宙斯叹了一口气，对着阿波罗正准备开口，阿波罗就抢着说："父神，你可别责怪我。如果我不杀死阿喀琉斯，就会有更多的特洛伊战士死在他的手中。"

　　"我也没想责怪你，你紧张什么？只是保存他遗体的任务就交给你吧。"

　　阿波罗一愣，说："可是，我要怎么保存他的遗体呢？"

　　宙斯蹙着眉头说："我就知道你不学无术。娜娜，你过来教教你哥。"

　　雅典娜微笑道："哥，你先回答我一个问题，我再教你吧。"

　　"晕，又要我回答问题……"阿波罗又做起了招牌式的嘟嘴动作。

　　雅典娜："不答也得答。请听题，你知道木乃伊是什么吗？"

A. 是一种木材；

B. 是永不腐朽的干尸；

C. 是一种食物；

D. 是一种祭品。

 阿波罗："既然叫木乃伊，想必是木材，选A吧。"

雅典娜宣判

雅典娜摇摇头:"羞羞脸啊哥哥,你身为太阳神,知识面也太窄了。答案是B,木乃伊是永不腐朽的干尸。听我细细道来……"

我们往往会被影视剧所迷惑,认为木乃伊是鬼魂、是妖怪、是吓人的某种东西。这种观念使得木乃伊与鬼神之说建立了亲密的联系,木乃伊要是能开口,肯定要为自己"喊冤"啦!所以,现在真的有必要来还木乃伊一个"清白"了。

木乃伊是人的尸体,严格来讲,是人工制成的永不腐朽的干尸。世界上木乃伊质量最好和数量最多的地方,当属埃及。

古埃及人认为,人死后如果被制成木乃伊的话,可以在另一个世界复活。所以,他们将法老的尸体去除内脏,用一种特殊的防腐剂涂满身体,然后用亚麻布条缠裹全身,这样,就制成了不会腐坏的木乃伊。

雅典娜也不知道的小秘密

赏罚分明

阿波罗又出了丑,有点儿郁闷地垂着头。

宙斯说:"杀害了大英雄,又答错了题目,当然是得受惩罚的。你自己说吧,你想怎么受罚?"

阿波罗说:"妹妹既然教了我怎么保存遗体,我就只好认真学习,让阿喀琉斯永垂不朽。"

"嗯,"宙斯点点头,说,"态度不错。此外,我还要命你密切关注特洛伊战争。"

秘密十六：计算机里的"木马"和特洛伊木马有什么关系？

核心战斗力阿喀琉斯虽然被阿波罗消灭了，但特洛伊战争并没有因此结束。墨涅拉俄斯想，如果战争继续这样无休止地打下去，海伦都人老珠黄了，所以必须速战速决。

墨涅拉俄斯召集各位勇士前来开会。

"同志们，我们必须想个办法把特洛伊攻打下来，大家集思广益，不要客气。"墨涅拉俄斯说。

"我看，不如直接用原子弹把特洛伊炸平。"某勇士说。

"这也太惨无人道了，亏你想得出来！"墨涅拉俄斯说。

众勇士七嘴八舌地讨论开了，经过好几个小时的讨论，否定了无数无厘头馊主意之后，奥德修斯提出了一个比较靠谱的办法——藏在木马里潜入特洛伊。按照计划，第二天早上，特洛伊人起床后发现城外的希腊军队人间蒸发了，营地里只留下一匹像城墙一样高的木马。将士马上将这一消息通知给帕里斯。帕里斯说："随便下载一个杀毒软件把它消灭了就好。这点儿小事不用告诉我。"

将士说："这个木马不是病毒，据说是敌人打算送给雅典娜的礼物，如果我们把这匹木马消灭了，雅典娜恐怕会不高兴。况且，这匹木马非常精致，很有收藏价值呢。"

帕里斯大喜："那就快快运进城来，我们也可以借花献佛巴结一下雅典娜。"

帕里斯得到木马之后，高兴极了，他打开香槟，办起了联欢晚会，特洛伊就像国庆节一样举国欢庆。直到所有士兵和臣民都喝醉了时，木马的肚子突然打开了一扇小门，带着冲锋枪、穿着防弹衣的希腊战士一个一个从木马里走出来。他们很快杀掉了守城的士兵，并打开特洛伊的城门，早已埋伏在城外的希腊勇士们冲了进来。特洛伊这下遭了大殃，男人们被杀光了，女人和小孩子被卖去当奴隶，海伦则被带回了斯巴达。

持续了许多年的特洛伊战争，终于以这样的结局落幕。

"这个奥德修斯,原来是黑客的鼻祖啊!"宙斯见这特洛伊战争终于平息了,笑得由衷地开心。

雅典娜开玩笑道:"可不是嘛,奥德修斯还盗用我的名字,侵犯了我的姓名权呢!"

阿波罗在一旁听得不知所云:"什么是黑客?还有那帕里斯,说什么病毒的,真是搞不懂。"

宙斯白了阿波罗一眼,说:"呸,你肚子里半滴墨水都没有。没有墨水也就算了,现在都是新时代了,你也不与时俱进。娜娜,你出道题给你哥哥,让他回去自己上网找资料。"

雅典娜:"好,哥哥,请听题:特洛伊木马和计算机里的'木马'有什么关系?"

A. 特洛伊木马就是计算机里的木马;

B. 它们没什么关系,只因为某些计算机病毒具有隐蔽性,所以被称作木马;

C. 计算机木马是特洛伊木马的子孙;

D. 计算机木马是特洛伊木马变的。

过了两天,宙斯前往阿波罗位于东方的宫殿抽查阿波罗的作业,只见阿波罗正坐在电脑前用百度搜索答案。

阿波罗说:"父神,我终于查到资料了。答案应该选B。"

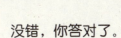

雅典娜也不知道的小秘密

没错,你答对了。

就像人会染上感冒病毒一样,家中的计算机如果不定期查毒杀毒,又没有强大的"防火墙"的话,也是很容易"中招"的。

其中最让计算机闻风丧胆的就是"木马"病毒了。

计算机里的"木马"和传说的特洛伊木马既不沾亲也不带故,特洛伊木马只是在古希腊传说中,关于希腊联军躲进木马潜入特洛伊城中的一个典故。

而计算机里的"木马"病毒虽然也具有隐蔽性,但它更善于掩人耳目,它可以伪装成一个实用工具或者一个好玩的小游戏,诱骗人们安装,这样就可以悄无声息地潜入计算机中,破坏程序,控制整个计算机,所以才有了这个名称。

听完阿波罗的汇报,宙斯总算满意了:"不错,与时俱进了些。但这是你应该做的功课,我不奖励你了。听说奥德修斯得罪了海神波塞冬,恐怕他没好日子过了,我要暗中帮助他,你来协助我吧。"

秘密十七：水里的旋涡是怎么形成的？

特洛伊战争好不容易结束了，勇士们纷纷凯旋。但是奥德修斯却没有那么好的运气，他在特洛伊战争中，不小心得罪了海神波塞冬。波塞冬喜欢看《西游记》，所以他决定给奥德修斯来个山寨版九九八十一难，只有克服这些艰难险阻，奥德修斯才能与家人团聚。

奥德修斯就悲剧了，他在回家的途中遇到许多怪事，有会唱魔歌的女妖、宙斯刮的飓风、会行走的牛皮等。而最令他难以忘怀的事，就是接下来这场大战海妖的故事。

话说，那天奥德修斯正和他

雅典娜也不知道的小秘密

的部下们躺在游艇上喝着橙汁、晒着日光浴。突然，游艇开始不停地晃动，海面波涛汹涌。他从甲板上坐了起来，拿着望远镜朝远处一看，惊得眼珠子都快掉下来了。只见不远处的海水像煮沸的水一样沸腾着，前方的所有船只都被它吞没了，那，便是传说中的卡律布狄斯大旋涡。

"同志们，不要怕，宙斯会保佑我们的，我们只管靠着岩石勇敢地把船开过去就好。"奥德修斯对部下们说着，一边摩拳擦掌，准备大干一场。为了不引起不必要的恐慌，奥德修斯默默地隐瞒了另外一个真相——这个大旋涡旁的岩洞便是海妖斯策拉的家。

可别小看斯策拉，她可不是随便就能对付的海妖，她有十二只大小不同的脚（这导致她每次买鞋都很困扰）。她还有六颗像蛇一样的头，每张嘴上都长着三排毒牙，非常可怕。

当奥德修斯带领他的部下们开着游艇、驶过剧烈翻滚的卡律布狄斯大旋涡时，正巧斯策拉午睡刚醒，她见到奥德修斯胆敢闯入自己的家，非常生气，张开大嘴叼走了他的六个部下。

奥德修斯使尽浑身解数与海妖大战，惊心动魄得简直像一部惊险电影。庆幸的是，最终奥德修斯胜利了。

神庭会审

　　海神波塞冬被宙斯传唤到奥林匹斯山的神殿里，宙斯见到他真是相见恨晚，说："原来你也喜欢看《西游记》啊！"

　　波塞冬说："我是看《西游记》长大的呢。"

　　"不瞒你说，我也是。"宙斯都快两眼泪汪汪了。这时赫拉捅了捅他，说："老不正经，还不快说正事。"

　　"哎呀，差点忘了。"宙斯立刻坐直了身子，换上严肃的表情，说，"波塞冬，你害得奥德修斯失去了六个部下，连他自己也险些葬身卡律布狄斯大旋涡，你可知罪？"

　　波塞冬单膝下跪，说："知罪，还请您宽恕。"

　　宙斯："你先回答一道关于旋涡的题，答完之后我再决定怎么处置你。你可知水里的旋涡是怎么形成的？"

A．海妖用 12 只脚搅拌水面；

B．海神波塞冬搞的鬼；

C．地球转动产生的力量使水流方向发生偏转；

D．海里有一个大漏斗。

 波塞冬："我看准是海妖搞的鬼，答案是 A！"

·宙斯宣判·

这时赫拉嘲笑起波塞冬来:"光看《西游记》是学不到科学的。你还是听听宙斯怎么解释吧。"

宙斯:"唉,你回答错了,正确答案是C。我来告诉你为什么吧!"

我们在打开装满水的洗手池的塞子时,或者在使用抽水马桶时,总会看到水会形成一个螺旋形的旋涡从出水孔流走,那么,这个旋涡是怎么形成的呢?

其实,"始作俑者"是不断自转着的地球。

地球自西向东自转,这样就产生了一个地转偏向力,水流在下降的时候受到重力和地转偏向力的"双重夹击",就会"跑偏",于是放水的时候,如果是在北半球,水里的旋涡会做逆时针旋转;如果是在南半球,旋涡则会做顺时针旋转。而唯一不会让水流"跑偏"的地方只有赤道,在那里,水流才可以"痛痛快快"地垂直下降。

·赏罚分明·

宙斯说:"波寒冬,我本想看在咱们都喜欢《西游记》的分儿上宽恕你的,但是你连这么简单的问题都答不上,太令我失望了。赫拉,你说该怎么惩罚?"

赫拉说:"听说波塞冬爱慕一个叫墨杜莎的女子,那就惩罚他永远不能得到她。"

雅典娜也不知道的小秘密

秘密十八：只有人会做梦吗？

欧罗巴是个典型的宅女，她的生活跟大部分宅女一样，足不出户，赖床赖到中午。正巧这天是星期日，宙斯放假休息，他坐在奥林匹斯山上百无聊赖地拿着望远镜扫视人间，想看看人间发生了什么有趣的事。

当宙斯的目光扫过欧罗巴的落地窗前，宙斯便被欧罗巴的睡颜深深地吸引了。宙斯连忙找来女秘书命运女神，让她走进欧罗巴的梦里，告诉欧罗巴命中注定要和宙斯结婚。命运女神照办了。

命运女神托的这个梦，让欧罗巴从梦中惊醒。她拍拍胸口，但想到自己要与宙斯结婚，心中竟又隐约有点儿高兴。

她刚下床，"嘀嘀嘀"，朝电脑屏幕一看，群里的几个女网友约她一起外出踏青。

好吧，宅女是不讨人喜欢的。欧罗巴决定打扮一新，和女网友们一起去赏

花,以改变形象。

宙斯在奥林匹斯山上偷偷看着欧罗巴的一举一动,简直为她着迷。他问女秘书命运女神:"我要怎样才能追求到这个姑娘呢?"

命运女神:"你得采取主动,但又不能太唐突,否则她会觉得你太轻浮。"

"你真是感情专家啊。可我要怎么搭讪才能不显得唐突呢?"

命运女神附在宙斯的耳朵上嘀咕了一阵,宙斯眉开眼笑,大赞:"Great,就这么办。"

宙斯把自己变成一只公牛,他嫌不够帅,就把公牛的皮毛变成金黄色,牛角则变成银白色。他下到凡间,走到欧罗巴身旁,温顺地舔了舔欧罗巴。欧罗巴从没见过这么萌的公牛,便放松警惕与公牛玩耍起来。

宙斯见时机合适,就跪下身来,示意欧罗巴爬上自己的背。

欧罗巴虽是宅女,但也会意,她果然爬上了公牛的背。这一爬可不得了,公牛突然跃起,带着欧罗巴飞上了天,它越飞越高,飞过高山、平原、大海。

就这样,欧罗巴被宙斯拐跑了。

雅典娜也不知道的小秘密

神庭会审

宙斯驮着欧罗巴到了一个孤岛上,宙斯变回了原来的样子。他掏出一枚戒指递到欧罗巴面前,说:"欧罗巴,我每天都梦见你,请你嫁给我吧。"

欧罗巴错愕了,电视剧也没有这么离谱的情节,这求婚也太突然了吧!

她说:"别做梦了,我才不要嫁给公牛精呢。我梦见命运女神说我的真命天子是宙斯。"

"亲,我正是宙斯啊!"

"你怎么证明你是宙斯呢?"

"这好办,只要找来命运女神就可以了。"说着,宙斯从腰里掏出一个手机,没过多久,命运女神来到他们面前。

命运女神说:"他确实是宙斯,是你的真命天子。但是你刚才出言不逊,必须回答一道题,你才能嫁给宙斯呢。请问只有人会做梦吗?"

A. 对,只有人才会做梦;

B. 错,神灵也会做梦;

C. 错,除了人类,动物也会做梦;

D. 错,魔鬼也会做梦。

 欧罗巴想了想,说:"选C。"

命运女神宣判

宙斯迫不及待："命运女神，你快点儿宣布答案吧，我还想尽快娶欧罗巴呢。"

命运女神有点儿无奈："欧罗巴，恭喜你答对了。正确答案正是C。"

做梦对我们的生活会产生一定的影响，我们可能会因为做了一个美梦而兴奋不已，也可能会因为做了一个噩梦而感到沮丧。五花八门的梦境给我们的生活增添了不少色彩。可是，做梦只是我们人类的专利吗？

答案是否定的，科学家经过研究发现，动物也会做梦。在动物界中，几乎所有的鸟类都会做梦，但是梦境十分短暂；大部分的哺乳类动物也会做梦，梦境会长一些。比如我们观察一只狗狗，会发现它在睡觉的时候有时会动嘴，有时会蹬腿，甚至自己会把自己吓醒。不过，动物在做梦时究竟会梦到什么，恐怕只有它们自己知道了。

雅典娜也不知道的小秘密

赏罚分明

命运女神对欧罗巴说："真是有情人终成眷属。既然你答对了题目，那么你就可以和伟大的宙斯结婚了。"

宙斯拉过欧罗巴的手说："嘿嘿，就算她答错了，我也还是要和她结婚的呀。"

话音未落，命运女神即刻起了一身鸡皮疙瘩，又冒起了冷汗。

秘密十九：为什么蛇能吞下比自己大许多倍的食物？

我们的故事里从来不缺美人，接下来要出场的这位美人，名叫墨杜莎。墨杜莎有一头金色的秀发，一双幽蓝的眼睛，她虽然不是世界小姐冠军，但如果放到奥林匹斯山上，也是山花一朵。正因为如此，海神波塞冬花尽心思追求她。

墨杜莎却仗着自己拥有美丽的外表，而且还有波塞冬这个铁杆粉丝，越发傲慢无理。这天，她来到雅典娜的神庙，站到女神的雕像旁拍照合影，并把这张照片上传到微博让人类评比谁更美。

这条微博的转发率实在太高，以至于墨杜莎一夜蹿红，惊动了雅典娜和整个奥林匹斯山。娜娜的脾气本就不好，墨杜莎借她炒作，这个行为太恶劣了，她岂能饶了墨杜莎？

于是，雅典娜施展法术，把

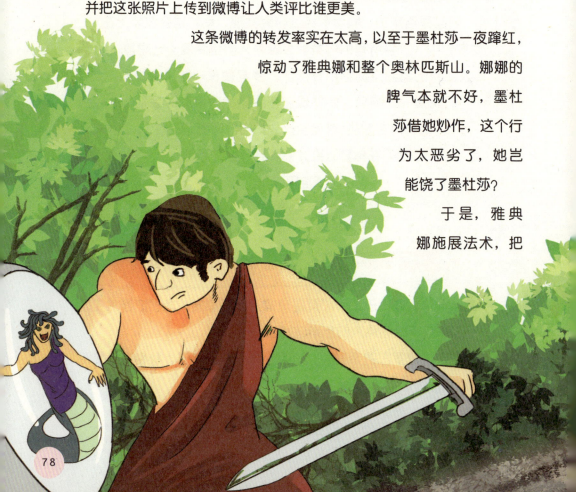

墨杜莎变成了妖怪，只见她那金色的秀发变成了无数毒蛇。她的眼睛变得像两盏LED灯，不管是谁，只要看到她的眼睛，就会变成一块石头。

墨杜莎变成妖怪之后，开始祸害人间，无数人因为看到她的眼睛而变成石头。

宙斯之子珀尔修斯得知这个情况之后，决定杀死墨杜莎为民除害。可是要怎样才能不必看到墨杜莎的眼睛呢？珀尔修斯用百度、谷歌查了许多资料之后，终于想出了解决的办法——用盾牌当镜子，这样就不用直接看着墨杜莎了。

听闻珀尔修斯要杀墨杜莎，雅典娜前来帮忙。墨杜莎这个妖怪是雅典娜变出来的，谁闯的祸谁就要负责，否则宙斯老爸和阿波罗老兄又要责罚她了。

经过几天几夜加班加点，他们终于齐心协力把墨杜莎的脑袋割了下来。说来也可怕，墨杜莎的鲜血滴在沙漠中，竟变成了毒蛇。

读名著学常识

·神庭会审·

珀尔修斯杀死了墨杜莎，可谓是为民除害。众神决定办一个表彰大会，给他颁发奖章以资鼓励。

当众神欢聚一堂，角落里有人却很悲伤。那人便是曾经爱恋墨杜莎的海神波塞冬。虽然墨杜莎变成了蛇妖，但她仍然是波塞冬心中的女神。

波塞冬见珀尔修斯杀死了自己心爱的人，心中又悲伤又怨恨。

波塞冬充满挑衅地说："珀尔修斯，你既然是大英雄，可见你对蛇很了解了？不如请教你一个问题吧，如果你回答对了，我就承认你是英雄，但如果你回答错了，说明你徒有虚名，你便别想得到奖章。"

珀尔修斯沉着地说："您尽管问就是了。"

"你可知蛇为什么能吞下比自己大许多倍的食物？"

A. 因为蛇很饿；

B. 海神使了法术，因为蛇的胃很大；

C. 因为蛇的嘴巴结构很特别；

D. 因为蛇很贪婪。

 珀尔修斯早在砍杀墨杜莎之前查了大量资料，这当然难不倒他。他说："答案是C。"

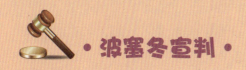

波塞冬宣判

雅典娜也不知道的小秘密

宫殿里的这一幕全在宙斯眼皮底下,是时候出来主持公道了,宙斯便开口说:"波塞冬,你公布答案吧。"

波塞冬的脸都涨红了:"呃……答对了,答案正是C。"

有句老话叫"贪心不足蛇吞象",这句话可是有一定出处的呢。虽然蛇并不能真的吞掉大象,但它却能吞下比自己的身体还要大许多倍的食物。

这要感谢蛇的嘴巴的特殊构造,蛇的嘴巴看上去很平常,其实神奇的地方在于它的下颌骨。蛇在咬死猎物并开始吞食的时候,先是把嘴巴张到最大,咬住猎物并用牙齿钩住猎物,然后下颌骨左右交互运动,把食物推进胃里。比如,左侧的下颌骨在往后运动时,便会钩住猎物左侧部分吞进去一点,随后是右边。

如果猎物很大很大,贪心的蛇甚至会让自己的下颌骨脱臼,等到最后一口食物吞进去,再张大嘴打个大哈欠,让下颌骨复位。

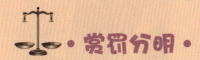

赏罚分明

珀尔修斯略显得意,把目光投向雅典娜说:"奖章对我来说无所谓。但我想把墨杜莎的头献给帮助过我的雅典娜女神。"

雅典娜说:"你太客气了。既然这样,我就用它来装饰我的胸甲和盾牌好了。"

秘密二十：所有的象都有象牙吗？

宙斯有许多孩子。幸亏他年轻的时候还没有计划生育，否则宙斯可就是超生专业户了。坦塔罗斯也是宙斯众子女中的一员，因为子女太多，连宙斯自己都搞不清楚坦塔罗斯排行第几。

坦塔罗斯和宙斯的其他孩子一样，出身尊贵，众神都在背后称他为"官二代"。正因为"官二代"这一特殊身份，坦塔罗斯不仅受到奥林匹斯山众神的尊敬，而且时常受邀与众神共进晚餐。

坦塔罗斯为人却过于高调，傲慢又爱显摆。为了向人类炫耀自己的财富，坦塔罗斯常与自己的豪车、豪宅合影，或者拍下自己与众神的奢华生

雅典娜也不知道的小秘密

活,并把这些照片传到网上供人类观赏。

这些照片引起了人类的广泛关注,一夜间坦塔罗斯的粉丝大增,这让众神极为恼怒,但大家碍于宙斯的情面,默默地忍着怒火没有发作。

坦塔罗斯更加有恃无恐,他听说神仙都是"万事通",便想亲自做个试验。于是他命人杀了自己的儿子,并请来特级厨师把儿子的遗体煮成各色美食,然后邀请众神前来享用。他对众神说:"来来来,各位亲,你们尽管吃,千万别跟我客气。"

在座的众神早已知道他的坏主意,纷纷故作镇定低头玩手机。只有农业女神由于正在思念自己那个被冥王拐走的女儿,导致脑子有点儿缺根筋,她拿起筷子夹了一块肩胛骨放进嘴里,麻辣川香味,还不错。农业女神正准备吃第二块时,命运女神克罗阻止了她说:"你最近不是在减肥吗,少吃点肉。"

农业女神没反应过来:"没关系,减肥有的是时间。"说着继续把筷子伸向肉,命运女神见暗示无用,只得明示:"糊涂,这可是人肉啊!"

众神见命运女神把话挑破,便纷纷抬起头谴责坦塔罗斯的残忍与无知。而命运女神可怜死去的珀罗普斯,便将他的骨骼拼了起来,让他复活。可是他的肩胛骨已被农业女神吃进肚里,命运女神很无奈,只好就近找到一根象牙充当肩胛骨,这才复活了珀罗普斯。

读名著学常识

神庭会审

"目无法纪，岂有此理！"宙斯的嗓门像高音喇叭一样，大老远就能听到。

众神把坦塔罗斯的所作所为告诉给宙斯，宙斯气得差点儿就把桌子给掀了。"这种连自己的儿子都敢杀死的人，就算是枪毙一百次都不足惜啊，正义女神，你说是不是？"

正义女神点点头，说："是。不过，好在珀罗普斯被复活了，才不至于酿成惨剧。珀罗普斯可得好好谢谢命运女神。"

珀罗普斯向命运女神鞠了一躬，说："您的救命之恩，我将永不忘记。"

命运女神摆摆手："你太客气了。你倒是要感谢那根象牙。话说回来，人类对象牙了解得并不多，你如果真要报答，就回答一个问题吧。"

"好，您请问。"

"所有的象都有象牙吗？"

A. 是的，所有的象都有象牙；

B. 只有公象有，母象没有；

C. 亚洲象的母象没有象牙，其他象都有；

D. 象牙被人取走了，所以所有象都没有象牙。

 珀罗普斯答："选C。"

84

命运女神宣判

宙斯:"命运女神,你就快宣布答案吧,坦塔罗斯还等着我们一起惩罚呢。"

命运女神:"好的,珀罗普斯答对了。答案正是C。"

大象大象,你的鼻子怎么那么长?大象除了鼻子长得很长以外,身体还有一处部位也是很长的,那就是象牙。比如,非洲象的一对门齿最长可以达到3.3米。可是,并不是所有的大象都有长长的象牙。

大象家族有两个分支,非洲象和亚洲象。非洲象很容易会混淆"男女",因为不论是"男生"还是"女生",都长有一对长长的门齿,看上去都相当"粗犷"。而亚洲象就不一样了,一眼看去就可以区分"男生"和"女生"。"男生"的门齿比较突出,而"女生"就比较含蓄,可以说是"笑不露齿",从外观上是看不出象牙来的。

雅典娜也不知道的小秘密

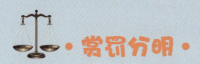

赏罚分明

正义女神:"坦塔罗斯罪不可恕,就把他打入地狱,让他在那里忍受饥渴,即便泉水和硕果就在他的嘴边,他也永远喝不到,吃不到。这还不够,还要在他头顶上放一块巨大的石头,只要他稍微动动脑袋,那石头就会掉下来把他压死。"

秘密二十一：雷电是从天上劈下来的吗？

珀罗普斯被复活后，虽然年纪轻轻，却喜欢看各种八卦杂志。这天，他在《众神娱乐》杂志上看到关于伊利斯国公主希波达弥亚的人物传记和照片，对她产生了浓厚的兴趣，并把她视为自己心目中的女神。

但希波达弥亚不是谁想追就能追的。因为希波达弥亚刚出生的时候，她的父亲伊利斯国王就把她送去请神算命，神说："不得了了，这个孩子克父，她结婚的时候，她的父亲就会死去。"伊利斯国王非常迷信，对此深信不疑。

随着希波达弥亚从黄毛丫头变成美少女，追求她的少年越来越多。伊利斯国王压力日增，每天寝食难安，便花了大价钱在各大报纸、电视台、门户网站登了广告："伊利斯国王宣布，他不想嫁女儿，除非有谁在赛车中赢了他。但假如谁输了，就必须被杀死。"

并且我美若天仙。总之一句话,我才是典型的白富美。"

尼俄柏说的这席话被娱乐记者拍了下来,并且放到了电视上。勒托看着电视,气得咬牙切齿,她对阿波罗和阿耳忒弥斯说:"你们可得帮老妈出这口恶气,不能轻饶了尼俄柏。"

阿波罗:"老妈,你打算怎么做呢?"

"既然尼俄柏得意于她的孩子们,那就干脆把她的孩子们全部消灭掉吧。"

阿波罗和阿耳忒弥斯都是听妈妈话的好孩子,既然老妈都开口了,便不得不帮老妈达到目的。阿波罗驾着他的太阳车,拉开弓箭,杀死了尼俄柏的六个儿子。而阿耳忒弥斯则驾着月亮车,用弓箭杀死了尼俄柏的六个女儿。

尼俄柏一夜间失去了十二个孩子,这感觉如同晴天霹雳,比输掉了五百万还痛苦。从此,她整天以泪洗面,一动不动地坐在山上,最终变成了一块化石。

神庭会审

神一夜之间屠杀了十二个年轻人,这可是惊动中央的特大谋杀案,媒体争相报道,三界纷纷谴责这种公报私仇的行为,并要求宙斯和正义女神公开审判杀人凶手勒托、阿波罗和阿耳忒弥斯。

这三个人都是宙斯的亲人,所以神庭会审时,为了公平起见,宙斯主动要求回避,而由正义女神全权处理本案。

正义女神:"法律面前,神神平等。虽然你们三个是宙斯的妻儿,但也死罪可免,活罪难逃。你们让尼俄柏悲伤过度变成了石头,所以得先给人类一个交代。这样吧,你们先回答一道题,答完之后我再宣布怎么惩罚你们。"

"人死后会变成化石吗?"

A. 不会,人死后都将化成泥土;

B. 有可能,但要有坚硬的骨骼、合适的埋葬地点;

C. 会,所有人都会像尼俄柏一样变成化石;

D. 不会,人死后都将变成木乃伊。

 勒托代表他们三人回答:"选B。"

·正义女神宣判·

正义女神微微松了口气，说：

"你回答对了，人类是有可能变成化石的，尼俄柏就是一个例子。但并不是所有人类都有机会变成化石，化石不是想变就能变，必须符合一定的条件。"

有的生物早就死了，身体却还留到今天。化石就是这样一种保存在岩石中的古生物遗体或遗迹，它们真的很不容易，是经过漫长的岁月洗礼和千锤百炼的地壳运动才换得这样的"金刚不坏"之身。

我们人死后要变成化石不是不可能，但也并不容易，我们必须做好如下准备：首先，要多多补充钙质，强健我们的骨骼和牙齿，让它们变得"坚不可摧"，这样在变成化石的过程中才不会被"挫骨扬灰"；然后，要找到合适的死亡之所，这个地方除了清静之外，还需要被快速掩埋，最好的方法，是计算好一座火山喷发的时间，到那里去"守株待兔"。做好以上两点，就可以实现变成化石的愿望啦！

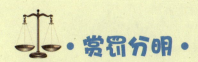

正义女神："虽然你们答对了问题，但这丝毫不能减轻你们滥杀人类的罪孽。勒托，你身为母亲没有教育好自己的孩子，就罚你永远不能和自己的孩子再见面。阿波罗、阿耳忒弥斯，罚你们永远免费为人类送去光明，一分钱的工资都别想拿。"

秘密二十三：猎狗的祖先是谁？

奥林匹斯山的众神制定了一部《神律》，规定禁止饲养烈性犬。可阿克特翁却偷偷养了一群凶猛的猎狗。

阿克特翁定期出去遛狗，顺便打打猎。要知道，在这个时代，猎杀野生动物并不违法。这天阿克特翁打完猎之后，感到有点儿累，便想在森林里弄起吊床，好躺在上面听MP3休息。他四处张望，想要找两棵合适的树来挂吊床，走着走着，却走进了不该进的地方——阿耳忒弥斯的圣地。

阿耳忒弥斯贵为宙斯的女儿，养尊处优，过着富裕且受人敬仰的大小姐生活。这块圣地是她的私人澡堂，山泉汇成一池湖水，湖边放着几把躺椅。四周有树木掩着，环境极为雅致。每当阿耳忒弥斯狩猎回来，她都会来这里洗

雅典娜也不知道的小秘密

广告引起了轰动，许多职业赛车手根本没把伊利斯国王看在眼里，才短短几天工夫，就有十二个青年前来PK伊利斯国王，但无一例外都惨败而亡。

珀罗普斯是死过一次的人，早已把生死置之度外。他为了能和希波达弥亚结婚，特意向海神波塞冬借了一辆神车，这辆神车由四匹长着金色翅膀的飞马拉着，连子弹都赶不上它呢！

珀罗普斯驾着这辆神车前去挑战伊利斯国王。可姜还是老的辣，比赛过程中珀罗普斯差点儿就输了。海神波塞冬见势不妙，生怕珀罗普斯摔坏了自己的神车，便出手偷偷把伊利斯国王的车轮弄松了，害得伊利斯国王车毁人亡。

当珀罗普斯顺利到达比赛终点时，头顶乌云密布，天空如裂开一般忽然划过一道闪电，雷电击中了国王的宫殿，宫殿刹那间燃起了熊熊烈火。珀罗普斯驾着神车飞快地冲进火海，救出了自己梦寐以求的希波达弥亚。

神庭会审

珀罗普斯和希波达弥亚要结婚了,他命人发了请帖邀请众神来他家喝喜酒。包括宙斯在内的众神们,果然给足了珀罗普斯面子,一同前往参加了珀罗普斯的婚礼。

婚礼上,趁着高兴,众神开始瞎起哄:"新郎,快说说你和新娘是怎么在一起的!"

珀罗普斯羞红了脸,便把如何得到希波达弥亚的过程,详细地说了一遍。

宙斯笑道:"正是雷电劈中了宫殿,你才能英雄救美。那么,你得回答一个问题,答对了,我祝你们俩白头偕老。答错了,可要罚酒三杯。"

珀罗普斯:"好。"

"听好了,雷电是从哪里劈出来的?"

A. 从天上;

B. 从奥林匹斯山上;

C. 从地上;

D. 从海上。

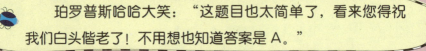

珀罗普斯哈哈大笑:"这题目也太简单了,看来您得祝我们白头偕老了!不用想也知道答案是A。"

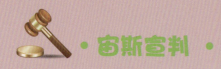

宙斯宣判

宙斯："不，你先罚三杯酒，我再告诉你为什么。"

珀罗普斯听从吩咐喝了三杯酒。

宙斯："好了，答案其实是C，我们都以为雷电是从天上劈下来的，但这是错的，最新研究发现，其实雷电是从地上劈到天上的。且听我细细道来……"

电闪雷鸣的天气下，闪电像一条条银龙划破天空，气势浩大。闪电是积雨云的负电荷和树木、建筑物，甚至人体上的正电荷相互"吸引"产生的巨大电流，闪电的电压高达十亿伏特，比太阳的温度还要高，如果劈到人身上，当时就会把人击倒。可是，闪电是"无影侠"，我们很难把握它来的方向，闪电都是从天空劈下来的吗？

这个问题在美国南达科他州的拉皮德市得到了答案，那里地处全美国的闪电带中心，科学家用高速摄影机拍摄到有的闪电竟然"反其道而行之"，从地面劈上天空！而造成"电魔"的手臂从地面指向天空的原因正是我们人类自己，拉皮德市中遍布高高的发射塔和一些大型建筑，这些现代设备虽然使人们的生活更便捷，却让闪电"一反常态"，从而会引发更多的闪电劈到地面，带来更大的灾难。

赏罚分明

婚礼派对大家玩得很尽兴，虽然珀罗普斯没有答对问题，但宙斯仍然给予了祝福，命生育女神保佑他们俩早生贵子。

宙斯："不过，如果将来你们生了孩子，可不要像你姐姐尼俄柏那样傲慢啊。"

秘密二十二：人会变成化石吗？

珀罗普斯有个姐姐，叫尼俄柏。

据科学家研究表明，性格是会遗传的，尼俄柏很可能就是遗传了她的父亲坦塔罗斯的性格——傲慢与虚荣。尼俄柏一直很认同"人多力量大"，所以她一生就生了六个儿子和六个女儿，并为此沾沾自喜，见人就自夸。

这天，盲人占卜师的女儿接到上级神仙的指示，通知全城人到广场上歌颂勒托和她的两个孩子，即太阳神阿波罗和月亮女神阿耳忒弥斯。

尼俄柏却不以为然，她穿着超短裙，扭着小蛮腰，带着一群女仆来到街上，对街上的人们说：

"勒托算什么，你们还不如歌颂我呢，我有十二个优秀的孩子，而勒托只有2个孩子而已。而且我的爷爷是宙斯，宙斯可是众神之神。我有数不尽的财宝，

澡休息。

由于这块圣地没有贴招牌，也没有门牌号，所以阿克特翁并不知道这是阿耳忒弥斯的私人澡堂，他以为只是普通的湖水。正巧他身上带的矿泉水也喝完了，想要去打点儿正宗的山泉水来，便不假思索地走到湖边。

可是，他走近一看，才发现阿耳忒弥斯正在湖里洗澡，身上光溜溜的。阿耳忒弥斯和阿克特翁都被对方吓了一跳，阿克特翁慌忙用手蒙住眼睛，嘴里说着："非礼勿视，非礼勿视"。

阿耳忒弥斯生气了，她用迅雷不及掩耳之势取来衣服穿上，走到阿克特翁身边，咒骂道："臭流氓，竟敢偷看我洗澡，我要让你尝尝我的厉害！"

"原谅我吧，我发誓不会告诉别人的。"阿克特翁央求道。

但即使这样，也不能让阿耳忒弥斯消气，她一狠心，便把阿克特翁变成了一只鹿。

阿克特翁变成鹿之后惊慌失措，他的猎狗并没有认出这是阿克特翁，它们冲上来把他撕成了碎片。

读名著学常识

· 神庭会审 ·

"唉,如果真要养宠物,就养小泰迪,或者中华田园犬嘛。为什么非要违反神律养一群凶恶的猎狗呢。"宙斯看了阿克特翁被自己的猎狗撕碎这一头条新闻后,直叹气。

正义女神却在一旁说道:"如果阿耳忒弥斯没把阿克特翁变成鹿,阿尔特翁就不会被猎狗杀死。阿耳忒弥斯应该受到惩罚。"

宙斯的脸一阵青一阵白,阿耳忒弥斯也是宙斯的亲生女儿,宙斯想要为阿耳忒弥斯开脱:"那也是因为阿克特翁看了不该看的东西嘛……"

正义女神:"所以阿耳忒弥斯也不必受太大的惩罚。既然本案与猎狗有关,就让她回答一个关于猎狗的问题。如果回答对了,此事就一笔勾销。"

宙斯:"好吧。"

由于阿耳忒弥斯正驾着月亮车在天上工作,正义女神只好拿出手机,发短信告诉她题目:"请问,阿克特翁的猎狗祖先是什么?"

A. 狗;

B. 狼;

C. 猫;

D. 豹。

 过了一会儿,正义女神收到阿耳忒弥斯的回复:"选B。"

96

正义女神宣判

正义女神:"阿耳忒弥斯答对了,答案正是 B,猎狗的祖先是狼。"

狗狗可以说是我们最为忠诚和友善的伙伴,而猎狗更称得上是猎人的好帮手。优秀的猎狗不但能抓兔子、抓狐狸,甚至还能打狼。可是你知道吗,看上去与狼有着"不共戴天之仇"的猎狗居然和狼的血缘关系很近呢!

瑞典的科学家通过 DNA 技术研究发现,世界上所有的狗都起源于狼,而且还源自 1.6 万年前中国南部地区驯养的狼! 1.6 万年是个不短的时间,在这期间,狼"弃野归家",与人类建立了亲密的关系。后来,经过人类驯化和自身 DNA 的变异,狼发生了奇妙的变化,被人们所尊敬、喜爱,于是它们有了新名称——狗,其中大部分是猎狗,它们愿意帮助人们看家护院、出行打猎。

只是,不知道猎狗明白这件事情之后,是否还会愿意在打猎的时候与"远亲"的狼发生激烈的冲突?

赏罚分明

阿耳忒弥斯顺利答对了问题,宙斯露出得意的表情。正义女神当作没看见,说:"既然答对了,这件事就一笔勾销,不过……"

"不过什么?"宙斯有点儿不痛快。

正义女神:"不过,我要派个任务给她,让她从此监督人类不得违法饲养恶犬。"

秘密二十四：鸟儿为什么会飞？

忒瑞俄斯是战神阿瑞斯的儿子，由于他帮助潘狄翁赶走了侵略者，所以潘狄翁将自己的大女儿普洛克涅嫁给了他。

忒瑞俄斯和普洛克涅结婚后，忒瑞俄斯就带着普洛克涅离开了娘家。这一走，就是整整5年。这5年来，普洛克涅虽然能通过QQ视频与自己的妹妹菲罗墨拉见面，但她仍然非常想念妹妹和故乡。

于是，普洛克涅便让忒瑞俄斯去把自己的妹妹接来做客，正巧忒瑞俄斯想借此机会去旅游，便满口答应了。

可当忒瑞俄斯看到菲罗墨拉时，却被菲罗墨拉的美丽深深吸引了，他开始打起了坏主意——骗走菲罗墨拉。他把菲罗墨拉锁进小木屋里，对她说："小菲，不瞒你说，你姐姐已经去世了，你不如嫁给我吧。"

菲罗墨拉信以为真，加上自己已经被他囚禁，便不得不同意与忒瑞俄斯结婚。忒瑞俄斯锁好菲罗墨拉，回到自己的宫殿里，他抽了一张纸巾出来，假装擦起眼泪，对普洛克涅说："亲爱的，你妹妹在来的路上已经死了。"

普洛克涅听到这个噩耗肝肠寸断，发了无数条微博来发泄自己内心的悲伤。

而被关在小木屋里的菲罗墨拉偶然在仆人口中得知自己的姐姐并没有去世，这时她极度愤怒。

"神啊原谅我，我居然不小心成了姐姐的小三。"她简直不能原谅自己，由于小木屋里没有电脑和网络，她只好把自己的遭遇织在布上，第二天早上乞求仆人把这匹布送到姐姐手中。

普洛克涅收到布后大吃一惊，她下决心要复仇，便杀死了自己和忒瑞俄斯的儿子，随后救出了自己的妹妹。

忒瑞俄斯知道儿子被杀后，愤怒地想要杀死这两姐妹，可是，这两姐妹却变成了夜莺和燕子，朝天空飞去。忒瑞俄斯也变成了一只戴胜鸟，从此以后永远追赶着夜莺和燕子。

读名著学常识

神庭会审

三界中的麻烦事一宗接一宗从不间断,这使宙斯和奥林匹斯山每天都面临巨大的工作压力,连看电视的时间都没有,难免心情不爽。喏,宙斯这会儿正在宫殿里踱来踱去,嘴里感叹:"相煎何太急,本是一家人,却要大动干戈,太令人惋惜了。"

正义女神说:"冤冤相报何时了,只是可怜了他们家的小儿子,死得真是冤枉。"

宙斯:"人死不能复生。只是,他们突然变成鸟飞走了,这太不符合科学常识,我们得想个靠谱点儿的理由来转移众生的疑惑。"

正义女神:"不如,我从电脑题库里选一道题来解释这个问题吧。"说着,正义女神打开随身携带的笔记本电脑,点了点鼠标,不一会儿她就选中了一道题。

"请问,鸟为什么会飞呢?"

A. 普洛克涅姐妹想逃得远点儿;

B. 忒瑞俄斯为了复仇想追上普洛克涅姐妹;

C. 风把鸟儿吹起来;

D. 鸟的身体结构很特别。

 宙斯说:"正确答案应该是D。"

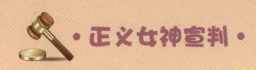 正义女神宣判

雅典娜也不知道的小秘密

正义女神点点头,说:"答对了。"

宙斯露出了招牌式得意的表情,说:"那当然,我早就说过我是奥数冠军了嘛。你快点儿跟大家解释一下为什么选D。"

正义女神:"鸟儿之所以会飞,是因为它有着特殊的身体结构。"

由于地球引力的作用,绝大多数动物都只能待在地上,就连蹦一蹦也只是短暂地脱离地面,不甘心的人类发明了飞机,才可以实现暂时飞上天空的梦想。而鸟儿却可以摆脱地球引力,自由翱翔于天际,令我们惊奇又羡慕。

鸟儿之所以会飞,是因为它们有着先进的"装备"。装备一:羽毛。鸟的羽毛使体形呈流线型,能最大限度上减小空气阻力,而且鸟在扇翅膀的时候会产生巨大的力量,有利于飞行。装备二:骨骼。鸟的骨骼是中空的,里面充满空气,这样就可以在最小限度上减轻体重。装备三:肺部。鸟的肺部连有气囊,这样鸟在飞行时可以储存一部分空气,避免缺氧。

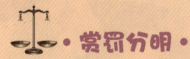 赏罚分明

宙斯:"正义女神,今天你又立了一功。趁着下一件麻烦事还没发生,给你放假半小时休息休息。"

正义女神露出了QQ表情中冒冷汗的表情。

宙斯继续说:"嘻嘻,我也要放假休息一下。"

秘密二十五：马睡觉时需要躺下吗？

下面，要闪亮登场的是一位美男子，他英俊潇洒，而且有一匹天马佩加索斯。此人叫柏勒洛丰，虽然是凡人，但他在三界内有大批女粉丝，人气仅次于阿波罗。

人怕出名猪怕壮，柏勒洛丰有位疯狂粉丝叫安忒亚，她想和柏勒洛丰结婚，但是柏勒洛丰拒绝了她。她恼羞成怒，找来娱乐周刊的记者，诬陷柏勒洛丰对自己耍流氓。这个消息震惊了三界，并且传到了安忒亚的丈夫国王普洛托斯耳朵里，国王很生气，为了教训柏勒洛丰，便派他去消灭怪物喀迈拉。

柏勒洛丰听从了国王的旨意，前去消灭怪物喀迈拉。喀迈拉是提丰的儿子，他长着狮子的头、羊的身体、蛇的尾巴。

众媒体纷纷对此事进行了现场直播。只见柏勒洛丰坐在天马上，对准怪物拉开了弓箭，那弓箭精准地射中了怪物。正当大家以为怪物已经 Over 时，怪物却出乎意外地没有死，仍然有着惊人的战斗力。正在看现场直播的雅典娜也是柏勒洛丰的粉丝，她见到这一幕，便助他一臂之力杀死了怪物。

柏勒洛丰杀死怪物的英雄事迹，令他声名大振，通过网络票选，柏勒洛丰被网友们评为年度最具魅力的男明星。这荣誉来得太快，柏勒洛丰难免自我膨胀，他觉得既然自己如此大受欢迎，就应该加入神的集会。于是，他打扮时尚，不请自来地骑着天马去参加神的集会。

虽然柏勒洛丰大受粉丝追捧，但他到底只是个凡人，怎么可以去参加神的集会呢？众神被他的举动惹怒了，宙斯便派了一只牛蝇去蜇柏勒洛丰的天马，天马受惊，柏勒洛丰没抓稳缰绳，从马上摔了下去，摔死了。

至于天马佩加索斯，宙斯见它是匹好马，便将其留了下来。

雅典娜也不知道的小秘密

读名著学常识

神庭会审

"啧啧，人帅没有用，关键要低调。啊，这可真是匹好马。"阿波罗一边爱不释手地摸着柏勒洛丰留下的天马，一边却说着风凉话。

宙斯白了他一眼："别摸了，这马已经是公家的了，摸坏了你可赔不起。"

阿波罗露出谄媚的表情，表情切换之快简直如同翻书。他说："爹地，不如把这马交给我来看护吧，我不收劳务费哦。"

"这个必须由众神举手表决。"宙斯说，"来，同意把天马交给阿波罗看护的人请举手。"

众神觉得阿波罗缺乏养马的经验，举手的寥寥无几。这令阿波罗很失望，只好开始重新拉票："大家要相信我，我是很有经验的，不信，随你们问我一道关于马的知识题。"

雅典娜说："好啊，那么我问你，马睡觉时的姿势是怎么样的？"

A. 躺着；

B. 站着；

C. 蹲着；

D. 趴着。

 阿波罗拨了拨刘海，自信地说："当然是B，站着。"

雅典娜宣判

宙斯:"娜娜,既然是你出的题,就由你来宣布答案。"

雅典娜:"好的。阿波罗答对了,答案是B。马一般是站着睡觉的。"

想要马儿跑,先要马儿吃得好。马在吃饱了、跑累了之后自然需要好好休息一下,那么它在睡觉的时候是采取什么样的姿势呢,是和我们一样躺着睡觉吗?

如果我们仔细观察马,就会发现,它和其他家畜是不一样的,马习惯站着睡觉。不过,可不要以为它是因为喜欢才这样的,事实上,马的这种行为继承了老祖宗——野马的生活习性。在远古时期,野马是人类和众多野兽的狩猎对象,它没有牛、羊那样尖尖的角来保护自己,只能靠不断奔跑来摆脱敌人。在夜间,野马更不敢放松警惕,它要保持随时可以逃跑的姿势来休息,所以只能站着睡觉。

虽然说马也可以躺着睡觉,但一般来讲,还是学着"老祖宗"的样子,站着睡觉的。

赏罚分明

"耶……我回答对了耶!"阿波罗心里乐开了花。

众神则纷纷表示同意让阿波罗照顾这匹天马。宙斯说道:"由你来照顾也可以,但是必须把天马放到天上饲养。"

阿波罗连忙点头表示同意。从此以后,天上就多了一个星座,叫天马座。

秘密二十六：怎么判断羊毛的真假？

时尚界复古风来袭，羊毛衫大为畅销，这导致羊毛一度供货不足，羊毛一下子成为价值连城的抢手货。阿瑞斯的金羊毛更是让人虎视眈眈，许多人都想得到它。

但阿瑞斯的金羊毛并不是普通的羊毛，据媒体报道说金羊毛关系到阿瑞斯的生死存亡，因为神把阿瑞斯的生命与金羊毛联系在一起了，金羊毛如果没了，阿瑞斯就会死去。正因为这样，阿瑞斯才把金羊毛当成自己的心肝宝贝一样小心保护着，除了给金羊毛买高额保险之外，他还派了一条恐龙守护它。

伊阿宋原本是个王子，但他叔叔将他父亲的王位篡夺了。叔叔做了这等亏心事，自然夜里睡不着觉。有一天，神给他的叔叔发了信息，让他提防一个只穿一只鞋子的人，那人将跟他争夺皇位。

正巧，这天伊阿宋外出时遇到了赫拉变成的老婆婆，正值三月学雷锋月，伊阿宋便主动背赫拉过河。走到河中央，他的一只脚陷进了泥里，他用力往外一拔，脚是出来了，鞋子却丢了。

叔叔见伊阿宋只穿了一只鞋子，想起神对自己说的话，心里十分不安，想要除掉伊阿宋。

"我知道你想夺回王位，但是你得先锻炼锻炼。只要你去取来金羊毛，我就把王位让给你。"叔叔说。

伊阿宋二话不说就出发了。

取金羊毛就像唐僧取经一样不容易，伊阿宋可谓历尽千辛万苦，幸好他平时广结善缘交了许多朋友，朋友们见他有难纷纷前来帮忙，他们共同被称为阿耳戈英雄。

伊阿宋在取金羊毛的过程中，认识了"甜歌王后"美狄亚，两人坠入了爱河。美狄亚发挥她的专长，用自己的歌声催眠了恐龙。伊阿宋就这样顺利取得了金羊毛。

读名著学常识

神庭会审

看来，媒体的小道消息是不靠谱的，阿瑞斯的金羊毛虽然被取走了，但阿瑞斯却活得好好的。他从保险公司那里获得了一笔赔偿金，同时他还把伊阿宋等一群"盗贼"告上了神庭。

阿瑞斯对着宙斯单膝下跪："父亲（阿瑞斯也是宙斯的儿子哦），这群盗贼目无法纪，你可要替我做主啊！"

宙斯："兼听则明，我们来连线伊阿宋好了。"说着吩咐秘书连线场外的伊阿宋。

伊阿宋在电话里辩解道："我不是盗贼，我只是借用一下金羊毛而已……"

宙斯："正义女神，由你来定夺吧。"

正义女神："伊阿宋，你别狡辩了，你偷走阿瑞斯的金羊毛是错的。念在你是大英雄，我不重罚你，但现在市面上冒牌羊毛很多，你必须答对一个问题。请问，怎么判断羊毛的真假？"

A. 随便摸一摸就可以；

B. 点燃后闻气味、观察灰烬的颜色等；

C. 泡到水里观察；

D. 穿在身上看看扎不扎人。

 伊阿宋："选D。"

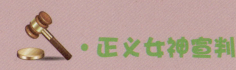

正义女神宣判

正义女神:"你回答错了,正确答案应该是B。"

现在造假技术很是先进,什么都可以以假乱真,在纺织业中,首先要站出来喊打假的恐怕就是羊了。的确,用化纤制品冒充羊毛制品来卖的黑心商家不在少数。我们都喜欢穿羊毛衫,虽然价格贵一些,但是手感细腻,保暖性好,而化纤制造的假羊毛衫手感粗糙,保暖性差,所以我们要练就一双"火眼金睛"。那么,如何鉴别羊毛的真假呢?

看到羊毛制品,我们可以先观察,真羊毛比较柔软,富有弹性,色彩柔和,假羊毛则比较粗糙。如果还无法鉴别,我们可以采用点燃的方式,真羊毛点燃后闻上去会有烧焦头发一样的臭味,灰烬呈粉末状,而化纤制造的假羊毛点燃后会有刺鼻的气味,灰烬呈块状,而且不容易捻碎。

雅典娜也不知道的小秘密

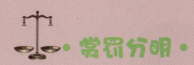

赏罚分明

阿瑞斯幸灾乐祸地说:"伊阿宋,你快把金羊毛还给我。"

伊阿宋在电话里恳求说:"大哥,有话好说嘛,羊毛一定会还给你的,先借我用一用,等我用它换回王位,必定会将它完璧归赵的。"

阿瑞斯:"那你得付我租金!"

秘密二十七：风是怎么形成的？

要说三界里谁运气最差，菲纽斯绝对榜上有名。

现在要讲的这件事情，发生在伊阿宋与阿耳戈英雄们取金羊毛的途中。当然，作为一个倒了八辈子霉，但最后有高人相助的人，菲纽斯其实也不算最糟。

菲纽斯是英雄阿革诺耳的儿子，太阳神阿波罗曾经很器重他，赐给他预言的能力。菲纽斯获得预言的能力之后，无论遇到谁都预言，比如"你将捡到100块钱""你将长痔疮"等等。

菲纽斯这样滥用预言能力，惹得阿波罗很不高兴。阿波罗便让晚年的菲纽斯双目失明，这还不够，阿波罗还找来一群长着女

人头的妇人鸟,每当菲纽斯要吃饭时,这群妇人鸟就去抢走菲纽斯的食物。长期吃不到食物,导致菲纽斯腰酸背痛腿抽筋。

宙斯见阿波罗这样整治菲纽斯,实在于心不忍。

宙斯对阿波罗说:"唉,你又淘气了。尊老爱幼是传统美德,菲纽斯都一把年纪了,你就饶了他吧。"

"那可不行,他滥用预言,我可不能轻饶了他。"阿波罗嘟着嘴说。

宙斯:"既然这样,我就只好派北风神的儿子策特斯和阿耳戈英雄们去救他了。"

说着,宙斯通过无线电波传话给菲纽斯,告诉他策特斯与阿耳戈英雄们将帮他赶走妇人鸟。

菲纽斯高兴极了,他是多么渴望安静地吃上一顿饱饭啊。

果真,策特斯和阿耳戈英雄们来到菲纽斯所居住的岛上时,大家见菲纽斯面黄肌瘦实在可怜,于是齐心协力帮他驱赶妇人鸟,只是那群鸟儿意志太坚定,无论怎么赶都赶不走。

宙斯见了这个情况,悄悄赋予他们力量,只见策特斯一发力,刮起了一阵大风,风把妇人鸟吹散了,菲纽斯这才终于可以安静地吃上饭了。

神庭会审

雅典娜打电话给阿波罗让他前往宙斯神殿。

阿波罗:"可是人家在上班啊……"

"那就先把你的太阳车停进乌云里。"雅典娜并不妥协。

阿波罗只好听从命令,三分钟不到,他便到达宙斯的神殿。只见神殿里宙斯和众神们都在等他。阿波罗有点儿紧张,说:"大家别那么严肃嘛!"

宙斯说:"要不是策特斯刮起大风吹走妇人鸟,恐怕年老的菲纽斯还在受折磨呢!"

"……"阿波罗正要开口,却被赫拉打断:"阿波罗,你不要再争辩了。"

阿波罗小声嘟囔:"唉,到底不是我亲妈……"

这时,正义女神开口道:"阿波罗折磨菲纽斯也只是想给他一个教训。既然策特斯刮起风把妇人鸟赶走,那么阿波罗只要回答风是怎么形成的,就可以免于处罚。给你四个选项吧!"

A. 空气在流动;

B. 策特斯吹的气;

C. 海神在扇扇子;

D. 大地之母在喘气。

 阿波罗:"这个我知道,选A。"

·正义女神宣判·

雅典娜也不知道的小秘密

正义女神:"答对了,答案是A。"

宙斯:"既然阿波罗答对了,那就让他来解释为什么是A。"

阿波罗:"唉,树欲静而风不止啊!风可以扬起沙尘、吹落树叶,还可以把风筝送上天。如果没有风,这世界便会少了很多生动。可我们只知道风的存在,却没有思考过,它是怎么形成的?

其实,围绕我们的空气并不会乖乖待在原地一动不动,它会四处"旅行",在太阳的辐射下,地面的空气和高空的空气会有温度差别,冷热空气会产生垂直对流。而且,在不同高度的地域,气压大小也不同,就像水往低处流的道理一样,空气也会从气压高的地方水平流动到气压低的地方。同时,地球在不断进行自转,就会产生地转偏向力,这样风就不会只作直线运动了。

所以说,风是空气的流动产生的,有空气的地方就会有风。"

 ## ·赏罚分明·

宙斯满意地点点头,说:"不错,最近进步了许多。"

阿波罗:"嘿嘿,应该的应该的。"

赫拉的声音响了起来:"阿波罗,不要骄傲。虽然答对了问题,但你得恢复菲纽斯的预言能力,好让他帮助阿耳戈英雄们。"

"唉,后妈就是后妈啊……"

秘密二十八：陆地是固定不动的吗？

菲纽斯夹了一块回锅肉放进嘴里，吃完后他抹了抹嘴边的油，对阿尔戈英雄们说："你们今天帮了我大忙。作为回报，我可以给你们算一卦，不收你们钱。"

伊阿宋和英雄们两眼冒桃心："那就快给我们算算姻缘吧。"

菲纽斯很无奈，说："姻缘这一块，不是我专长，相亲网站有很多测试题，你们去那里算好了。"

"那你能算什么呢？"

"那可多了，工作啦，命运啦，健康啦，我都能算。"菲纽斯找了根牙签，一边剔牙一边得意。

"呃……"伊阿宋想了想，说，"既然这样，你就预言一下我们接下来的行程吧。"

菲纽斯放下牙签，闭上眼睛掐指一算，说："你们将遇到两块巨大的撞岩。"

"撞岩？"

"对，这两块岩石是漂浮在海面上的，洋流带着它们，时而相撞，时而分离。如果想顺利通过它，就必须在它们相撞后分离时，用最快的速度通过。否则你们将被挤成肉酱。"

阿耳戈英雄们与菲纽斯道别后不久，果然如预言所说的那样，遇到了两块巨大的撞岩。"不，我的上帝！"英雄们不禁惊呼。撞岩撞在一起时发出雷鸣般的声响，如果人被挤在那岩石中间，是多么可怕啊！

"伊阿宋，你倒是想想办法啊。"英雄们焦急地说道。

"只能用土办法了。"伊阿宋像魔术师一样从袖子里掏出一只鸽子，把它放飞，只见那鸽子顺利地从两块撞岩间飞了过去。伊阿宋说："我们必须像鸽子一样快才行。来，我来喊口令，就当我们在参加龙舟比赛吧！一、二、三、加油！"

正当他们要通过撞岩时，岩石合拢的速度加快了，眼看英雄们就要被撞成肉饼，这时雅典娜果断地出手相助，只见她左手顶着岩石，右手推了英雄们一把，这才使英雄们顺利通过了撞岩。

雅典娜也不知道的小秘密

读名著学常识

神庭会审

今天有大人物来到神庭，她就是众神之母、地球女神、宙斯的奶奶盖娅。

盖娅坐在奥林匹斯山的神殿里，通过远程视频，看着雅典娜出手帮助阿耳戈英雄的全过程，笑得很开心。她对着众神说："哈哈，不愧是我的曾孙女，娜娜要是去参加举重比赛，肯定能拿一堆金牌回来。"

众神纷纷附和。

盖娅转向宙斯说："孙子，你知道为什么那两块岩石会相撞吗？"

宙斯："不就是被洋流带动的两块岩石而已嘛。"

盖娅："不，你小看这个问题了。平时都是你出题给别人答，今天我来给你出道题。陆地是固定不动的吗？"

A. 是的，陆地永远不动；

B. 不是，陆地悄悄地缓慢漂移；

C. 不是，雅典娜可以推动陆地；

D. 不是，陆地会像撞岩一样快速漂移。

宙斯在自己百科全书一般的大脑里搜索了一阵子，回答道："选D。"

·盖娅宣判·

雅典娜也不知道的小秘密

盖娅面带慈爱地取笑宙斯：

"人外有人，天外有天。我就知道你答不上这道题，你看，果然错了吧。正确答案是B。地球是我创造的，当年我创造它时，让各种陆地可以漂移，不过漂移的速度很慢很慢。"

有这样一个形象的比喻，我们居住的陆地就像是一个巨大的龟背，在海面上漂着，这让我们感到脚下踩着的陆地似乎很不稳定。确实，地核内部并不安静，每时每刻都在进行对流运动，上演着"地心大战"，这使得陆地的上层，也就是地幔软流层出现了漂移。

而且，陆地并不是整整一大块，而是由六大板块组成的，它们是地幔软流层这条"传送带"上的"乘客"，在一起漂移的同时，彼此之间还会互相推来挤去，经常"打架"，所以每年在世界各个角落，地震、海啸之类的事件层出不穷。

·赏罚分明·

宙斯："古人云，学海无涯，每个人都有自己不知道的东西，今天奶奶给我上了生动的一课。以前都是我处罚别人，这回我就自己罚自己吧。"

盖娅："你打算怎么罚自己呢？"

宙斯："呃，我要暗中派仙女帮助阿耳戈英雄们。"

秘密二十九：大海里到底有没有淡水呢？

不要以为伊阿宋带领阿耳戈英雄们取到金羊毛之后就剧终了哦。还有续集呢，听我娓娓道来。

阿耳戈英雄们取得金羊毛后，开着他们的阿耳戈船返航，大家欢欣鼓舞，以为马上就能回家度假了。可是海上竟突然刮起了妖风，这妖风吹得他们在海上漂泊了九天九夜，最后漂到了非洲的利比亚。

他们的船被海浪推到了沙滩上，眼前的景象简直让人绝望：一片荒芜的沙漠，没有水、没有路、没有村庄，甚至连个鬼影都没有。

"我宁可当初被撞岩撞死，也不想在这个鬼地方多待一分钟。"英雄们抱怨着，烈日晒得皮肤都快要焦了，他们口渴难耐，身体疲惫不堪。

"这时候要是有瓶可乐就好了。"伊阿宋躺在沙漠里说。

"想得美，一杯水就该知足了。"同伴说。

利比亚的保护神早已久仰这群英雄们的大名，

从他们来到利比亚的第一天起就在暗中观察。

保护神见英雄们实在是熬不过去了,便来到英雄们身边暗示他们:当海神波塞冬的海马出现时,他们应当扛着船,跟着海马的脚印走,海马将引领他们找到回家的路。

果真不久之后,海马出现了,英雄们根据保护神的提示,扛着船跟在海马的身后。就这样,在沙漠里走了整整十二天后,他们来到一个海湾。

可是这里还是找不到淡水,英雄们就要渴死了。仙女埃格勒崇拜英雄们,并且,宙斯派她暗中帮助他们。

于是,仙女告诉英雄们:"有一个叫赫拉克勒斯的家伙,有一回他来到这里,同样口渴难耐,他用力踹一块岩石,那岩石便涌出泉水来。"

接着,仙女把这块神奇岩石的所在地告诉了英雄们。

英雄们根据仙女的指示,找到了水源,这才不至于渴死。

神庭会审

宙斯正在神殿里跟众神开会，讨论要不要搞一个专门的电视节目，用来教人类野外生存的知识。正巧这时仙女埃格勒完成了任务，前来禀报宙斯。

宙斯："干得不错。不过，看来人类的野外求生知识还有待加强，我们要尽快把野外生存电视节目制作出来。"

仙女："是啊，阿耳戈英雄们这次运气好，有我们相助才能找到泉岩。可是大海上肯定没有岩泉，到时候他们该怎么样才能找到能喝的水呢？"

"问得好，这正是我想考验你的问题。你先来回答一个问题，随后我再告诉你该怎么办。

大海里到底有没有淡水呢？"

A. 有淡水，海上降雨、浮冰都是淡水，而且大海里还有淡水井；

B. 没有淡水，海里的所有水都是咸的；

C. 没有淡水，淡水都让阿耳戈英雄喝了。

 埃格勒说："选C。"

· 宙斯宣判 ·

雅典娜也不知道的小秘密

宙斯："看来不仅人类需要科普，神仙的知识也需要提高，你回答错了，正确答案是A。"

海水不能喝，这是绝大多数人都知道的常识。因为海水又苦又咸，喝了会让身体脱水，甚至会有生命危险。可是，大海里难道真的就没有淡水了吗？

实际上，大海中是有淡水的，而且为数还不少呢。且不说海上也经常会下雨，就连靠近两极地区的海面上的浮冰，实际上也是淡水，只不过它们善于"伪装"自己罢了。另外，人们还发现海底潜藏着丰富的淡水资源，比如，希腊爱琴海的海底就有一处涌泉，它不知疲惫地工作着，一昼夜可以"吐出"100万立方米的淡水来。人们现在在加大力度开发海底淡水，希望能够解决全球人口的用水问题。

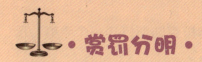

· 赏罚分明 ·

宙斯转向雅典娜，说："娜娜，你是智慧女神，野外求生电视节目就交给你负责了。"

雅典娜："好的。包在我身上，没有问题。"

宙斯点点头，对众神说："作为神，你们平时要严肃一点儿，不要光看娱乐八卦和综艺节目，平时要多学习一些知识。"

秘密三十：火焰的哪一部分最烫手呢？

许德拉是一条脾气暴躁、性格凶残、无恶不作、长相奇丑的九头蛇。她之所以会有九个头，并不是因为基因变异，也不是因为环境污染。而是因为，她的父亲提丰是臭名昭著的邪恶魔怪，而她的母亲则是雌蛇厄喀德那，他们的结合充满着罪恶，所以才生下了许德拉这条九头蛇。

没错，赫拉克勒斯正是在沙漠里发现岩泉的勇士，这会儿他刚接到神下达的委任状，要他去杀死许德拉。这可是三界内的头条新闻，各大媒体纷纷在远处架起摄像机，希望能拍下这历史性的一幕。

但许德拉并不好对付，因为她有九个脑袋，每砍掉一个脑袋，就会马上长出一个新的来，而且中间的那个脑袋，即使被砍下来也不会死掉。这便大大增加了赫拉克勒斯的工作难度。

他们大战了几个回合，双方比分一直处于0∶0的状态，赫拉克勒斯既没办法杀死许德拉，许德拉也没办法杀死赫拉克勒斯，双方相持不下，战况进入了极为紧张的阶段，而电视机前观看新闻的观众们，也为赫拉克勒斯捏了一把汗。

这时，赫拉克勒斯打了一个手势，示

意双方先休息片刻再战。休息期间，他拨打了一个场外求助电话，这个电话是打给他的侄子伊俄拉俄斯的，他说："我这会儿正在大战许德拉，但是她的头砍完之后马上又长出来了，怎么办呢？"

伊俄拉俄斯说："不如用火攻，烧得她片甲不留！"

"妙，实在太妙了！"赫拉克勒斯挂了电话之后，他趁许德拉不注意，点燃了周围的树林，熊熊烈火烧得许德拉哇哇直叫，她的脑袋再也没办法长出来了。赫拉克勒斯抓住时机，将许德拉中间的那颗头砍了下来，并把这颗永远不会死掉的头埋到泥土里，再压上一块巨石。

读名著学常识

神庭会审

赫拉克勒斯大战许德拉，这个新闻太轰动，所以宙斯组织众神到他的神殿来，通过大屏幕观看直播。

大屏幕上，许德拉被火烧得刺刺响，皮肉都焦黄了，她扭曲着身体十分痛苦。众神们惊呼恐怖。阿佛洛狄忒连忙蒙上丘比特的眼睛："这么血腥暴力的场面，儿童不宜，儿童不宜。"

宙斯却说："作为神灵，怎么可以这么胆小呢，羞羞脸。"

直到大战结束，宙斯说："我们要从每件事情上得到一点启发，这样我们才能进步。现在，我来给大家普及点儿科学知识吧，顺便给你们压压惊。"

惊魂未定的众神瞬间对宙斯很无语。

宙斯并不理会众神的表情，说："许德拉被火烧得够呛，可是你们有谁知道火焰中哪个部分最烫手呢？"

A. 焰心；

B. 内焰；

C. 外焰；

D. 都一样烫。

 丘比特举起胖胖的小手，说："我知道，答案是A。"

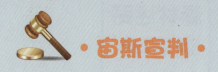

雅典娜也不知道的小秘密

宙斯瞅了一眼这个淘气包："小宝贝，别胡闹。你的答案是错的，正确答案是C，外焰。"

在人类漫长的进化史中，火的使用是一个具有重大意义的里程碑。而火本身也是个很神奇的东西，平常我们看不到它，只有满足了特定的条件才能将它"召唤"出来。

好奇的小孩子可能会做过这样的试验，把手指放在点燃的蜡烛的烛芯处，也就是火焰最底部，感觉不到烫手，这是为什么呢？

我们离不开氧气，火也是一样，在氧气的帮助下，可燃物达到刚刚可以让自己燃烧的燃点，就会冒出火焰。就像莲花的花瓣一样，火焰可以分成焰心、内焰和外焰三层。焰心与氧气接触得少，燃烧得不够充分，所以颜色比较黑，温度也比较低，用手摸不会感到烫，内焰的温度和颜色要稍稍强一些，而外焰因为和氧气的"亲密接触"，会完全燃烧，放出大量的热量，所以我们用手触摸会感到很烫。

"好啦，科普完毕。大家还有什么疑问吗？"宙斯问。

正义女神说："我的神，赫拉克勒斯杀死了许德拉这个妖孽，但你好像忘了表扬他哦。"

宙斯一拍脑门，说："是哦，正事都忘了。那我们就颁一个最机智勇士奖给他好了！"

| START | 遇见赫拉 前进3步 | 森林迷路 退后2步 | | |

Game Start!

谁先拿到金羊毛?

想学伊阿宋,拿到金羊毛吗?

别急,请叫上2-4个小伙伴,并且准备一个色子,还有棋子2-4枚。每个人都将自己的棋子放在起点处,然后大家轮流掷骰子,点数大的先走棋,前进的格数由点数来决定。每到达一个格子时,请按照格子上的提示来前进、后退或休息。

谁先到达终点,金羊毛就归谁啦!

现在,看完了希腊神话里的故事,见到这么多主人公或机智、或糊涂地回答问题,你是不是也有点跃跃欲试呢?

来吧,小读者们,想要PK一下他们的IQ吗?放松一下,开始智力大冲关吧!

| 暂停 一回合 | | 遇见那喀索斯前进2步 | |

| 遇见爱神 前进2步 | | | |

| 木马屠城 退后3步 | 见墨杜萨 退后3步 | 暂停 一回合 |

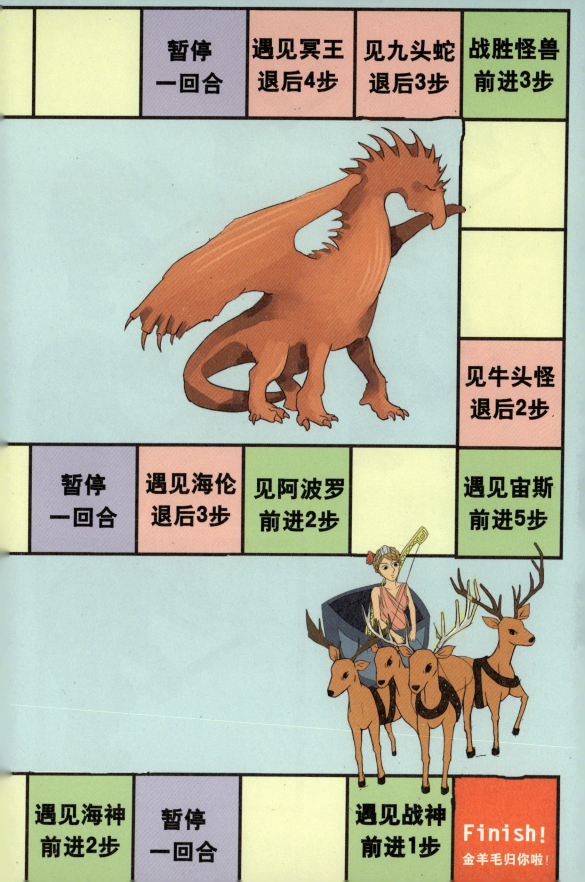

考考你的眼力！

 ## 谁是真正的米诺陶斯？

为了把孩子们统统关在迷宫里，弥诺斯利用魔法变幻出了很多牛头怪米诺陶斯。小读者，你能找出哪个才是真正的米诺陶斯吗？

答案

个 人 信 息

姓　名：

班　级：

学　校：

星　座：

血　型：

家庭住址：

电　话：

兴趣爱好：

座右铭：

年　月　日　天气

年　月　日　天气

年　月　日　天气

年　月　日　天气

年　月　日　天气

年　月　日　天气

年　月　日　天气

年　月　日　天气

年　月　日　天气

年　月　日　天气

年　月　日　天气

年　月　日　天气

年　月　日　天气

年　月　日　天气

年　月　日　天气

年　月　日　天气

年　月　日　天气

年　月　日　天气

年　月　日　天气

年　月　日　天气

年　月　日　天气

年　月　日　天气

年　月　日　天气

年　月　日　天气

年　月　日　天气

年　月　日　天气

年　月　日　天气

年　月　日　天气

年　月　日　天气

年　月　日　天气

年　月　日　天气

年　月　日　天气

年　月　日　天气

年　月　日　天气

年　　月　　日　　天气

年　月　日　天气

年　月　日　天气

年　月　日　天气

年　月　日　天气

年　月　日　天气

年　月　日　天气

年　月　日　天气

年　月　日　天气

年　月　日　天气

年　月　日　天气

年　月　日　天气

年　月　日　天气

年　月　日　天气

年　月　日　天气

　　　　　年　　月　　日　　天气

年　月　日　天气

年　月　日　天气

年　月　日　天气

年　月　日　天气

年　月　日　天气

年　月　日　天气

年　月　日　天气

年　月　日　天气

年　月　日　天气

年　月　日　天气

年　月　日　天气

年　月　日　天气

年　月　日　天气

年　月　日　天气

年　月　日　天气

年　月　日　天气

年　月　日　天气

年　月　日　天气

年　月　日·天气

年　月　日　天气

年　月　日　天气

年　月　日　天气

年　月　日　天气

年　月　日　天气

年　月　日　天气

年　月　日　天气

年　月　日　天气

年　月　日　天气

年　月　日　天气